OGGI IN ITALIA

OGGI IN ITALIA

A FIRST COURSE IN ITALIAN

Volume 2

Ninth Edition

Franca Celli Merlonghi

Ferdinando Merlonghi

Joseph A. Tursi

State University of New York at Stony Brook, Emeritus

Brian Rea O'Connor

Boston College

HEINLE
CENGAGE Learning™

Australia • Brazil • Japan • Korea • Mexico • Singapore • Spain • United Kingdom • United States

HEINLE
CENGAGE Learning

Oggi in Italia: A First Course in Italian, Volume 2, Ninth Edition
Franca Celli Merlonghi, Ferdinando Merlonghi, Joseph A. Tursi, Brian Rea O'Connor

Editor-In-Chief: PJ Boardman

Publisher: Beth Kramer

Executive Editor: Lara Semones

Development Editor: Catharine Thomson

Assistant Editor: Patrick Brand

Editorial Assistant: María Colina

Senior Media Editor: Morgen Murphy

Associate Media Editor: Katie Latour

Marketing Director: Lindsey Richardson

Marketing Manager: Mary Jo Prinaris

Marketing Coordinator: Janine Enos

Marketing Communications Manager: Glenn McGibbon

Content Project Manager: Tiffany Kayes

Art Director: Linda Jurras

Print Buyer: Susan Spencer

Senior Rights Acquisition Specialist, Image: Jennifer Meyer Dare

Senior Rights Acquisition Specialist, Text: Katie Huha

Production Service/Compositor: PreMediaGlobal

Text Designer: Susan Gilday

Cover Designer: Harold Burch

Cover Image: ©Julian Castle/Photolibrary

© 2012, 2007 Heinle, Cengage Learning

For product information and technology assistance, contact us at
Cengage Learning Customer & Sales Support, 1-800-354-9706

For permission to use material from this text or product, submit all requests online at **www.cengage.com/permissions.**
Further permissions questions can be emailed to
permissionrequest@cengage.com.

Library of Congress Control Number: 2010936538

Student Edition, Volume 2:
ISBN-13: 978-0-495-90208-9
ISBN-10: 0-495-90208-X

Heinle
20 Channel Center Street
Boston, MA 02210
USA

Cengage Learning is a leading provider of customized learning solutions with office locations around the globe, including Singapore, the United Kingdom, Australia, Mexico, Brazil and Japan. Locate your local office at **international.cengage.com/region**

Cengage Learning products are represented in Canada by Nelson Education, Ltd.

For your course and learning solutions, visit **www.cengage.com.**

Purchase any of our products at your local college store or at our preferred online store **www.cengagebrain.com.**

Printed in Canada
1 2 3 4 5 6 7 14 13 12 11 10

To the Student

Welcome to the study of Italian and welcome to *Oggi in Italia!* Learning a foreign language can be an enjoyable and stimulating experience, especially if you think of it as learning a way to communicate with other people. As you develop your skills in listening, speaking, reading, and writing in Italian, remember that you will also be learning about Italy, its people, and its culture.

Learning a language takes work and practice, yet it should also be an enjoyable experience. By making the most of your learning, you will find that you can manage quite well the first time you have a conversation with a native Italian speaker or when you step off a plane in Rome or Milan and enter today's Italy.

Student Components

Student Textbook

This textbook is your primary resource for learning Italian. It contains cultural information, vocabulary/grammar presentations and practice, and activities to help you develop listening, speaking, reading, and writing skills in Italian.

Additional supplements include:

Text Audio Program
Available in MP3 format on the *Oggi in Italia* Premium Website

Student Activities Manual (SAM) Workbook and Lab Manual

SAM Audio Program
Available in MP3 format on the *Oggi in Italia* Premium Website

Heinle eSAM powered by Quia™
An online version of the Student Activities Manual and SAM Audio Program

***Oggi in Italia* Video**
Available in digital format on the *Oggi in Italia* Premium Website

***Oggi in Italia* Premium Website**
www.cengagebrain.com/shop/ISBN/0495913391

iLrn™ Heinle Learning Center

The iLrn™ Heinle Learning Center includes an audio- and video-enhanced eBook, assignable textbook activities, companion videos with pre- and postviewing activities, partnered voice-recorded activities, an online workbook and lab manual with audio, interactive enrichment activities, and a diagnostic study tool to help you prepare for exams.

Contents

lezione 10 Ad una mostra cinematografica 234

lezione 11 La settimana bianca 260

lezione 12 Andiamo a vedere la partita? 286

Reference Section

Acknowledgments

The authors and publisher would like to express their appreciation to the many instructors teaching with *Oggi in Italia* who have offered their feedback on the program. We also extend a special word of thanks to the following reviewers for their ideas and recommendations for this revised edition.

Fabian Alfie, *University of Arizona*

Evelina Badery Anderson, *University of Montana, Missoula*

Salvatore Cappelletti, *Providence College*

Barbara Carle, *California State University, Sacramento*

Dante Ceruolo, *Oxford University*

Claudio Concin, *City College of San Francisco, Downtown*

Lorraine Denman, *University of Pittsburgh*

Patricia Di Silvio, *Tufts University*

Nanette Granuzzo, *Middlesex County College*

Lucia Hannau, *Purdue University*

Lucia Harrison, *Southeastern Louisiana University*

Stephanie Laggini Fiore, *Temple University*

Jason Laine, *Penn State University*

Patrizia Lissoni, *University of California, Los Angeles*

Simonetta May, *Pasadena City College*

Tom Means, *Borough of Manhattan Community College, CUNY*

Elisabetta Misuraca, *Bryant University*

Massimo Musumeci, *Community College of Philadelphia*

Cinzia Noble, *Brigham Young University*

Mirta Pagnucci, *Northern Illinois University*

Rossella Pescatori, *El Camino College*

Madison Sowell, *Brigham Young University*

Giuseppe Tassone, *University of Washington*

Elena Visconti di Modrone, *New York University*

We'd also like to thank the following people for their writing contributions to the ancillary program:

Veruska Cantelli

Lucia Hannau, *Purdue University*

Jason Laine, *Penn State*

Melina Masterson

Rossella Pescatori, *El Camino College*

Mirta Pagnucci, *Northern Illinois University*

Kris Swanson

Elena Visconti di Modrone, *New York University*

We wish to thank all the people at Heinle, Cengage Learning who have contributed to publishing the Ninth Edition of *Oggi in Italia*, particularly Beth Kramer, Lara Semones, Cat Thomson, MJ Prinaris, Maria Colina, Patrick Brand, Katie Latour, Tiffany Kayes, as well as the many other people who helped with the design, production, and art of this new edition.

Franca and Ferdinando Merlonghi

Joseph Tursi

Brian O'Connor

OGGI IN ITALIA

Il mercato all'aperto

COMMUNICATIVE OBJECTIVES

- Describe your daily routine and ask others about their routines
- Inquire about and express prices
- Talk about food and food preferences and quantities
- Make requests and suggestions; give orders and advice

Il mercato all'aperto è ancora oggi una caratteristica di molte città italiane.

RISORSE

 audio

 video

 www.cengagebrain.com/shop/ ISBN/0495913391

 ilrn.heinle.com

Mark Edward Smith / Photolibrary

CD1,
Track 47

Gabriella Marchi abita e lavora a Genova. Il sabato mattina le piace alzarsi tardi. Di solito si sveglia verso le nove e dopo colazione si prepara per uscire. Si lava, si veste e poi va a fare la spesa. Al mercato all'aperto del suo quartiere c'è una buona scelta di frutta e verdura ed è tutto a buon mercato.

Oggi Gabriella si ferma alla bancarella di un fruttivendolo.

1	FRUTTIVENDOLO:	*(Ad alta voce°)* Comprate queste belle arance! Guardate che bell'uva! È una delizia°. *(A Gabriella)* Buon giorno, signorina, mi dica°.	*loudly* *delight, delicious* *may I help you?*
	GABRIELLA:	Vorrei degli spinaci. Quanto costano?	
5	FRUTTIVENDOLO:	Un euro e settanta centesimi al chilo.	
	GABRIELLA:	Un chilo, per favore.	
	FRUTTIVENDOLO:	Subito.	
	GABRIELLA:	E l'uva, quanto costa?	
	FRUTTIVENDOLO:	Due euro. È dolce come il miele°. Prenda, assaggi.	*honey*
10	GABRIELLA:	Sì, grazie... Veramente buona, ma mi sembra un po' cara.	
	FRUTTIVENDOLO:	Signorina, in tutto il mercato non c'è di meglio.	
	GABRIELLA:	Se lo dice lei... Allora faccia° anche un chilo d'uva, per favore.	*give me*
	FRUTTIVENDOLO:	Bene, desidera qualche altra cosa?	
	GABRIELLA:	No, grazie. Per oggi è tutto.	
15	FRUTTIVENDOLO:	Allora, sono tre euro e settanta centesimi. *(Alla moglie)* Maria, sii gentile, da' anche degli odori° alla signorina!	*herbs*
	GABRIELLA:	Grazie, ecco i soldi.	

Domande

1. Di solito a che ora si sveglia Gabriella Marchi il sabato mattina?
2. Che cosa fa dopo colazione?
3. Dove va a fare la spesa?
4. Che cosa assaggia Gabriella al mercato?
5. Cosa compra Gabriella dal fruttivendolo? Quanto costano gli spinaci? Quanto costa l'uva?
6. Quanto spende in tutto Gabriella?

Domande personali

1. Lei a che ora si sveglia la mattina? A che ora si alza?
2. A lei piace alzarsi presto o tardi? E il sabato? E la domenica?
3. Che cosa beve la mattina a colazione? Latte? Caffè? Tè? Spremuta d'arancia?
4. Lei quando va a fare la spesa? Ogni giorno? Una volta alla settimana? Due o tre volte alla settimana?
5. C'è un mercato all'aperto o un supermercato vicino a casa sua?
6. Lei esce a fare acquisti il sabato? Quali acquisti fa? Dove?

> ▶ In January 2002, the euro, whose symbol is €, became the official currency of most member nations of the European Union (EU). In Italy, the euro takes the place of the lira. Similar to the American dollar, the euro is made up of 100 cents (**centesimi**).

Il mercato rionale[1]

I mercati rionali all'aperto o coperti sono opportuna-mente[2] distribuiti in varie zone centrali e periferiche delle città italiane. Questi hanno una funzione impor-tante nella vendita di ortaggi[3], frutta, carne e pesce[4]. Alcuni di questi mercati una volta erano[5] specializzati nella vendita di prodotti particolari che hanno dato il nome al mercato stesso[6]. Un esempio è Campo dei Fiori a Roma, dove, fino ai primi decenni di un secolo fa, ogni martedì le donne arrivavano[7] in città dalla campagna per vendere fiori[8].

Con lo sviluppo[9] del supermercato, l'importanza del mercato rionale è diminuita. La donna moderna, che è entrata nel mondo del lavoro, non ha più tempo per andare al mercato ogni giorno ed ha trovato più conveniente fare la spesa al supermer-cato una volta alla settimana. Ma per molta gente il mercato rionale, oltre[10] ad esercitare un certo fascino folcloristico, rimane il luogo dov'è ancora possibile comprare cibi freschi[11] e a buon mercato.

- Chi fa la spesa nella sua famiglia?
- Ci sono mercati all'aperto di frutta e verdura nella sua città? Ci sono anche negozi di alimentari specializzati?

Kevin Galvin / Alamy

Particolare invitante di una salumeria di Courmayeur nella Valle d'Aosta

1. *local, neighborhood*	2. *conveniently*	3. *vegetables*	4. *meat and fish*	5. *were*	6. *itself*
7. *used to arrive*	8. *flowers*	9. *development*	10. *besides*	11. *fresh food*	

Situazioni

1. In coppia: Domandi ad un amico/un'amica a che ora si alza il sabato.

   >> —A che ora ti alzi il sabato?
   — Mi alzo alle dieci (presto / molto tardi / a mezzogiorno).

2. In coppia: Suggerisca qualcosa al suo compagno/alla sua compagna che desidera sapere cosa fare stasera.

   >> — Che si fa stasera?
   — Perché non andiamo al cinema (incontriamo gli amici al bar / guardiamo la televisione / andiamo in discoteca)?

> In Italy, weight is measured in kilograms (**il chilo**). A chilo equals 2.2 pounds.

> Vendors at open-air markets generally give herbs (**odori**) to their customers for free.

Pratica

1. Dica cosa fa una persona che abita con lei da quando si sveglia la mattina fino a quando esce di casa. A che ora si sveglia? È di buon umore (*mood*) o di cattivo umore? Legge il giornale? Ascolta la radio?

2. In coppia: Lei è ad un mercato all'aperto di Genova e chiede a un fruttiven-dolo un chilo di patate, un chilo d'uva e due chili di arance. Preparate un dialogo appropriato e presentatelo alla classe.

Vocabolario

Parole analoghe

l'euro
la frutta
spendere
gli spinaci

Nomi

l'arancia   orange
la bancarella   stall
il centesimo   cent
la colazione   breakfast
il fruttivendolo   fruit vendor
gli odori   herbs
il quartiere   neighborhood
la scelta   choice
i soldi   money
l'uva   grape(s)
la verdura   green vegetables

Aggettivo

dolce   sweet

Verbi

alzarsi   to get up
assaggiare   to taste
costare   to cost
dare   to give; **da'**   give
fermarsi   to stop
lavarsi   to wash (oneself)
prepararsi   to get ready
svegliarsi   to wake up
vestirsi   to get dressed

Altre parole ed espressioni

poi   then, afterwards
presto   early
veramente   really
a buon mercato   inexpensive
al chilo   per kilo (metric weight)
fare la spesa   to shop (for food)
in tutto   all together
mi sembra   it seems to me, I think
Quanto costa (costano)?   How much is it (are they)?

> In Italian, **euro** is an invariable masculine noun: **l'euro / gli euro.**

> **Soldi** is the most common way to say *money*. Other words are **il denaro** and **la moneta. La moneta** also means *coin* and *currency.*

Pronuncia

I suoni della /s/

The letter **s** has two sounds in Italian, /s/ as in *sing* and /z/ as in *rose*. The sound /s/ is represented by the letters **s** and **ss.** The sound /z/ is represented by the letter **s**. In standard Italian, **s** is pronounced /z/ when it appears between two vowels (intervocalic **s**) and before **b, d, g, l, m, n, r,** and **v.**

> Remember that in most common Italian words, the intervocalic **s** is pronounced /z/.

CD1,
Tracks
48–49

a Ascolti e ripeta le seguenti parole.

salve	costa	benissimo	casa
signora	scusa	permesso	penisola
spero	stai	dottoressa	sport
stazione	presto	studentessa	strada

b **Proverbi.** Ascolti e ripeta i seguenti proverbi.

Se non si misura, misurato sarà.
*Judge yourself, or others will
    judge you.*

Non c'è rosa senza spine.
Life is not a bed of roses.
(Literally: There is no rose without thorns.)

🔊 Ampliamento del vocabolario

I cibi

Gli alimentari (*food products*)

l'**aceto**   vinegar
il **brodo**   broth
il **burro**   butter
il **formaggio**   cheese
il **latte**   milk
l'**insalata** (*f.*)   salad
la **minestra**   soup
l'**olio d'oliva**   olive oil
il **pane**   bread
la **pasta**   pasta
la **pastasciutta**   pasta dish
il **pepe**   pepper
il **prosciutto**   cured ham
il **riso**   rice
il **salame**   salami
il **sale**   salt
l'**uovo** (*m.*) egg, **le
   uova** (*f. pl.*)   eggs
lo **zucchero**   sugar

La carne (*meat*)

l'**agnello**   lamb
la **bistecca**   steak
il **maiale**   pork
il **pollo**   chicken
il **tacchino**   turkey
il **vitello**   veal

Il pesce (*fish*)

l'**aragosta**   lobster
i **calamari**   squid
i **gamberi**   shrimp
il **merluzzo**   cod
gli **scampi**   prawns
la **sogliola**   sole
le **vongole**   clams

La frutta

l'**albicocca**   apricot
l'**ananas** (*m.*)   pineapple
l'**arancia**   orange
la **banana**   banana
la **ciliegia**   cherry
la **fragola**   strawberry
il **limone**   lemon
la **mela**   apple
la **pera**   pear
la **pesca**   peach
il **pompelmo**   grapefruit
l'**uva**   grape(s)

Il dolce (*dessert*)

la **crostata**   pie
il **gelato**   ice cream
la **pasta**   pastry
il **tiramisù**   cake with coffee,
   mascarpone cheese, cream, and
   chocolate
la **torta**   cake

La verdura

l'**aglio** (*m.*)   garlic
gli **asparagi**   asparagus
i **broccoli**   broccoli
il **carciofo**   artichoke
la **carota**   carrot
la **cipolla**   onion
i **fagiolini**   string beans
i **funghi**   mushrooms
la **lattuga**   lettuce
la **melanzana**   eggplant
la **patata**   potato
il **peperone**   green
   pepper
i **piselli**   peas
il **pomodoro**   tomato
gli **spinaci**   spinach
gli **zucchini**   zucchini squash

▶ Practice food vocabulary when eating and shopping.

▶ **Pasta** is the general name for every type of cooked and uncooked pasta. **Pastasciutta** refers to an already cooked pasta dish, such as spaghetti, fettuccine, linguine, etc.

▶ **Gli zucchini** can also be feminine, **le zucchine**.

a **Cosa mangi?** In coppia: Risponda ad un amico/un'amica che vuole sapere se lei mangia questi cibi.

>> carciofi   S1: Mangi i carciofi?
S2: Sì, mangio i carciofi qualche volta. / No, non ho mai mangiato i carciofi.

i calamari   l'aragosta
il tiramisù   i broccoli
il prosciutto   le carote

b **Cosa preferisci?** In coppia: Domandi ad un amico/un'amica cosa preferisce mangiare e bere a pranzo e a cena (*at lunch and dinner*). Prenda appunti e poi riferisca le informazioni alla classe.

>> S1: Cosa preferisci mangiare e bere a pranzo?
S2: A pranzo preferisco…
S1: E a cena?

c **Domande.** In coppia: Faccia le seguenti domande personali ad un altro studente/un'altra studentessa.

1. Preferisci la carne o il pesce?
2. Quale tipo di carne preferisci?
3. Quante volte alla settimana mangi il pesce?
4. Qual è il tuo pesce preferito?
5. Mangi la verdura? Quali verdure preferisci?
6. Che frutta mangi di solito? Mangi la frutta ogni giorno?
7. Preferisci la spremuta d'arancia o di pompelmo?
8. Se stai a dieta per un giorno, che cosa mangi?
9. Di solito usi il burro, la margarina o l'olio d'oliva?
10. Ti piacciono i dolci? Quali dolci preferisci?

d **Preparare una cena.** In gruppi di tre: Preparate una cena per due persone che avete conosciuto in Italia. Decidete il menù includendo l'antipasto, il piatto principale, il dolce, la frutta e le bevande (*drinks*). Poi fate una lista delle cose da comprare.

Andrea Matone / Alamy

Una grande varietà di pesce è in vendita in questa bancarella di un mercato rionale.

I numeri da 100 in poi

100 = **cento**	1.000 = **mille**
101 = **centouno**	1.100 = **millecento**
120 = **centoventi**	1.420 = **millequattrocentoventi**
150 = **centocinquanta**	2.000 = **duemila**
200 = **duecento**	3.000 = **tremila**
300 = **trecento**	4.000 = **quattromila**
400 = **quattrocento**	5.000 = **cinquemila**
500 = **cinquecento**	10.000 = **diecimila**
600 = **seicento**	15.000 = **quindicimila**
700 = **settecento**	100.000 = **centomila**
800 = **ottocento**	200.000 = **duecentomila**
900 = **novecento**	1.000.000 = **un milione**

> A period is used instead of a comma in numbers in the thousands: 10,500 = 10.500 in Italian.

> A comma is used instead of a decimal point to express fractional amounts 1.5 = 1,5 in Italian.

1. The plural of **mille** is **mila.** It is attached to the preceding number.

duemila	*two thousand*
tremila	*three thousand*

2. **Milione (milioni)** requires **di** plus a noun when no other number follows **milione (milioni).**

un milione **di euro**	*a million euros*
due milioni **di persone**	*two million people*
But: un milione duecentomila dollari	*one million two hundred thousand dollars*

UN CUCCHIAINO DI OLIO (oliva, mais, girasole)	UN CUCCHIAINO DI ZUCCHERO	QUATTRO BISCOTTI SECCHI	UNA BRIOCHE NON RIPIENA	UNA FETTA DI CROSTATA CON MARMELLATA	UNA LATTINA DI ARANCIATA O ALTRA BIBITA	UNA LATTINA DI BIRRA	UN QUARTO DI LITRO DI VINO
45	20	123	206	339	127	112	190

> Quante calorie ci sono in un cucchiaino di zucchero? E in una fetta di crostata con marmellata? E in una lattina di aranciata? Dove sono più calorie, in quattro biscotti secchi o in una fetta di crostata con marmellata?

e Leggere. Legga ad alta voce.

>> 150 biglietti   centocinquanta biglietti

1. 365 giorni
2. 1.000 dollari
3. 400 orologi
4. 15.000 persone
5. 950 negozi
6. 1.000.000 di euro
7. 2.000 anni
8. 1.420 studenti

f Quanto costa? In coppia: Risponda ad un compagno/una compagna che le domanda quanto costano queste cose in Italia. Usi i prezzi suggeriti per rispondere alle domande.

>> un televisore / €400   — Quanto costa un televisore?
                           — Costa quattrocento euro.

1. un motorino Piaggio / €1.750
2. una macchina Fiat / €15.000
3. un'automobile Ferrari / €160.000
4. un buon telefonino / €180
5. una bicicletta / €950
6. un buon computer / €1.500
7. un pranzo per due in un ristorante elegante / €150
8. una settimana in una buona pensione / €800

Struttura ed uso

Verbi riflessivi

La mamma prima veste il suo bambino e poi **si veste.**

1. A reflexive verb is a verb whose action refers back to the subject, such as *I hurt myself* or *They enjoyed themselves.* Reflexive verbs are always accompanied by a reflexive pronoun: **mi, ti, si, ci, vi, si.** The verb itself is conjugated according to the tense and the subject. Here is the present tense of the verb **divertirsi.**

divertirsi *to enjoy oneself, have fun*	
io **mi diverto**	noi **ci divertiamo**
tu **ti diverti**	voi **vi divertite**
lui/lei **si diverte**	loro **si divertono**

— **Vi divertite** in classe?   — *Do you enjoy yourselves in class?*
— **Ci divertiamo** quando parliamo.   — *We have fun when we talk.*

2. Reflexive verbs are more common in Italian than in English. Many Italian reflexives express ideas that are not normally expressed reflexively in English.

Gianni **si alza** alle otto.   *Gianni gets up (raises himself) at eight o'clock.*

Poi **si veste.**   *Then he gets dressed (dresses himself).*

Poi **si mette** a studiare.   *Then he begins (puts himself down) to study.*

Practice the reflexive verbs as you go about your daily routine: **Sono le otto; mi alzo. Adesso mi lavo,** etc.

3. Here is a list of some common reflexive verbs in Italian.

addormentarsi to fall asleep	**mettersi a** + *infinitive* to begin to, start to
alzarsi to get up	
annoiarsi to be bored	**preoccuparsi (di)** to worry (about)
chiamarsi to be called (call oneself), be named	
divertirsi to enjoy oneself, have fun	**prepararsi** to get ready
	prepararsi per + *infinitive* to prepare oneself to, get ready to
fermarsi to stop	**sentirsi** to feel
lavarsi to wash (oneself)	**svegliarsi** to wake up
mettersi to put on (clothing)	**vestirsi** to get dressed

— Come **vi sentite,** signori?   — *How are you feeling, gentlemen?*
— **Ci sentiamo** molto meglio, grazie.   — *We're feeling much better, thank you.*

Mi preoccupo di mio figlio, che **si annoia** a scuola.   *I'm worried about my son, who gets bored at school.*

4. The reflexive pronoun generally comes before the conjugated verb. In the infinitive form, it is usually attached to the end of the infinitive, which drops the final **-e.**

Claudia non **si ferma** a Padova.   *Claudia is not stopping in Padova.*
Preferisce **fermarsi** a Ferrara.   *She prefers to stop in Ferrara.*
Vi addormentate presto?   *Do you fall asleep early?*
Cercate di **addormentarvi** presto.   *Try to fall asleep early.*

5. In the **passato prossimo,** reflexive verbs always take the auxiliary verb **essere.** The past participle agrees with the subject.

Claudia **si è fermata** a Ferrara.   *Claudia stopped in Ferrara.*
Le ragazze **si sono lavate.**   *The girls washed themselves.*
Ci siamo messi a studiare.   *We started studying.*

a   **Cambiamenti.** Cambi il soggetto della seguente descrizione tre volte, prima ad **Alessia,** poi a **noi** e poi ai **miei fratelli.** Faccia tutti i cambiamenti necessari dei verbi e dei pronomi riflessivi.

Ogni giorno mi alzo alle sette. Mi lavo e mi vesto velocemente: mi metto i jeans e una T-shirt e mi preparo per uscire. Torno a casa alle quattro e mi metto a studiare. La sera mi diverto a guardare la televisione. Vado a letto (*bed*) alle dieci e mi addormento subito.

Ogni giorno Alessia…

b **Frasi originali.** Formuli frasi originali usando il presente dei verbi e le parole ed espressioni delle tre colonne.

>> Mio padre si annoia a casa.

A	B	C
mio padre	svegliarsi	prima di uscire
un'amica ed io	vestirsi	un appuntamento importante
tu	annoiarsi	comprare il latte
voi	addormentarsi	a mezzogiorno
io	dimenticarsi di	i jeans di Armani
gli amici	prepararsi per	rapidamente
la mia compagna	mettersi	a casa
di camera	sentirsi	dopo il *David Letterman Show*
		in biblioteca
		male dopo la festa

c **Dove sono andato.** In coppia: Dica ad un compagno/una compagna tre luoghi dove lei è andato/a la settimana scorsa (ad una festa, al cinema, ad un concerto, a casa, ecc.). Poi dica se si è divertito/a o annoiato/a là.

>> S1: La settimana scorsa sono andato/a in discoteca.
    S2: Ah sì? Ti sei divertito/a?
    S1: Sì, mi sono divertito/a molto! / No, mi sono annoiato/a.
    S2: Perché ti sei divertito/a? (ecc.)

> Remember that **divertirsi** means *to have fun.* **Ti sei divertito/a?** means *Did you have fun?*

d **Informazioni.** In coppia: Dica ad un compagno/una compagna a che ora di solito lei fa le seguenti cose e a che ora le ha fatte ieri. Poi chieda al compagno/alla compagna le stesse informazioni.

>> svegliarsi   S1: Di solito mi sveglio alle… Ieri mi sono svegliato/a
                  alle… E tu, a che ora ti svegli?
                  S2: Di solito…

1. alzarsi
2. lavarsi
3. vestirsi
4. fare colazione
5. mettersi a studiare
6. tornare a casa
7. addormentarsi

e **Il mio sabato.** Dica ad un compagno/una compagna che cosa lei fa di solito il sabato mattina. Cerchi di usare i verbi riflessivi dove appropriato.

>> Il sabato mattina mi sveglio alle… , mi alzo…

f **Domande.** In coppia: Rispondete alle seguenti domande personali.

1. Come si chiamano tua madre e tuo padre? Hai sorelle o fratelli? Come si chiamano?
2. Ti addormenti sempre facilmente? Cosa fai se non puoi *(if you can't)* addormentarti?
3. Ti senti bene quando ti alzi presto? A che ora ti alzi normalmente?
4. Ti annoi o ti diverti quando stai solo/a?
5. Ti metti i jeans ogni giorno? Gli studenti di quest'università si mettono spesso i jeans?
6. Ti piace vestirti elegantemente? Quando? Ogni giorno o in occasioni speciali?
7. Come ti prepari per un esame importante? Per un appuntamento importante?
8. Di che cosa ti preoccupi? Degli esami? Della famiglia?

Imperativo informale (*tu, noi, voi*)

Al Foro romano? **Andate** a destra; **continuate** per mezzo chilometro. **Prendete** l'autobus e **scendete** al Colosseo. Poi **chiedete** a un polizotto!

1. The imperative is used for commands, pleas, and appeals. In the imperative, the **tu, noi,** and **voi** forms of regular verbs are identical to the corresponding present tense forms with one difference: the final **-i** of the **tu** form of **-are** verbs changes to **-a.**

	imperativo positive		
	tu	**noi**	**voi**
-are verbs	**Guarda!**	**Guardiamo!**	**Guardate!**
-ere verbs	**Prendi!**	**Prendiamo!**	**Prendete!**
-ire verbs	**Senti!**	**Sentiamo!**	**Sentite!**
-ire verbs (**-isc**)	**Finisci!**	**Finiamo!**	**Finite!**

2. Negative **tu** commands are formed with **non** + *infinitive*. Negative **noi** and **voi** commands use the present tense, as in affirmative commands.

imperativo negative			
	tu	**noi**	**voi**
-are verbs	**Non guardare!**	**Non guardiamo!**	**Non guardate!**
-ere verbs	**Non prendere!**	**Non prendiamo!**	**Non prendete!**
-ire verbs	**Non finire!**	**Non finiamo!**	**Non finite!**

Gabriella, **compra** un chilo di spinaci, ma non **comprare** gli asparagi.

Gabriella, buy a kilo of spinach, but don't buy any asparagus.

— **Andiamo** a prendere un film in DVD!

— Let's go pick up a DVD!

— Sì, ma non **prendiamo** un film dell'orrore.

— Yes, but let's not get a horror film.

Ragazzi, **ascoltate** attentamente. Non **parlate!**

Guys, listen closely. Don't talk!

3. When a reflexive verb is used in a command, the reflexive pronoun follows and is attached to the verb. In negative **tu** commands of reflexive verbs, the infinitive drops the final **-e** before the pronoun **ti**.

Adesso **lavatevi** e poi **vestitevi!** Giulia, **svegliati!** Non **addormentarti** in classe!

Wash up now and then get dressed. Giulia, wake up! Don't fall asleep in class!

4. **Essere** and **avere** are irregular in the **tu** and **voi** forms of the imperative. Five other verbs—**andare, dare, dire, fare,** and **stare**—have irregular **tu** imperatives. The other imperative forms of these verbs are regular, including the negative forms.

andare	**va'** (vai) andiamo andate	*essere*	**sii** siamo **siate**
avere	**abbi** abbiamo **abbiate**	*fare*	**fa'** (fai) facciamo fate
dare	**da'** (dai) diamo date	*stare*	**sta'** (stai) stiamo state
dire	**di'** diciamo dite		

> Note the apostrophe after **va', da', di', fa',** and **sta'**. The longer forms **vai, dai, fai,** and **stai** can also be used as **tu** commands.

Nerone, **sta'** fermo!   **Da'** la scarpa a papà!   Nerone, **sii** buono!

g **Ordini.** Dica alle persone indicate fra parentesi di fare le azioni che seguono.

>> (la sua amica Marta) guardare questa rivista
   Marta, guarda questa rivista!

1. (il suo amico Sandro)   venire al ballo in maschera con noi
                            arrivare verso le otto
                            metterti un bel costume   *me tti*

2. (lei e due amici [noi]) portare Lidia con te fare una gita domani   *no*
   Portiamo   andare ai Castelli romani
                            mangiare in un ristorante caratteristico

3. (i suoi fratelli)   bere il vino locale pulire bene l'appartamento
   Preparate   preparare l'insalata *Pulite*
                            mettere in ordine la cucina
                            aspettare la telefonata di papà

4. (sua sorella Marina)   non uscire senza l'ombrello
                            non stare fuori tutta la notte
                            tornare prima delle undici   *torna*
                            telefonare se ci sono problemi

h **Ordini e contrordini.** In gruppi di tre: S1 dice a S2 di fare le cose indicate. Poi, S3 dice di non fare quelle cose.

>> scrivere la data di oggi   S1: (Cristina), scrivi la data di oggi!
                               S2: (comincia a scrivere)
                               S3: (Cristina), non scrivere la data di oggi!
                               S2: (non scrive più o scrive un'altra data)

1. parlare italiano   6. venire qua
2. prendere la penna da…   7. mettersi a leggere
3. dare la penna a…   8. aprire le finestre (*windows*)
4. alzarsi subito   9. aspettare qui
5. fare una passeggiata   10. andare alla porta (*door*)

i **Consigli.** Lei fa delle domande e dà dei consigli a un amico/un'amica che
desidera perdere peso (*to lose weight*).

>> mangiare le verdure   S1: Tu mangi le verdure?
                            S2: No, non mangio le verdure.
                            S1: Male! Mangia molte verdure!

1. mangiare la frutta fresca / le verdure / i dolci / il salame
2. bere il latte / gli alcolici / la birra / l'acqua minerale
3. fumare
4. usare lo zucchero / l'olio / il sale / il burro
5. praticare lo sport
6. dormire poco / molto
7. fare ginnastica
8. stare a dieta

j **Suggerimenti.** Dica ad un amico/un'amica di fare le seguenti cose,
usando la forma **tu** dell'imperativo dei verbi indicati.

>> fare una foto   Fa' una foto (Fai una foto)!

1. essere generoso/a
2. andare a sciare
3. stare zitto/a (*quiet*)
4. dare un dollaro ad un…
5. avere pazienza
6. addormentarsi
7. fare colazione
8. dire qualcosa in italiano a un amico/
   un'amica
9. mangiare un gelato

k **Cosa devo fare?** In gruppi di tre: Una persona del gruppo fa la parte di
uno studente/una studentessa che è recentemente arrivato/a alla vostra università e vuole sapere come comportarsi (*to behave*). Date consigli al nuovo
studente/alla nuova studentessa, usando l'imperativo.

>> S1: Dove devo mangiare?
   S2: Mangia a…
   S3: No, non mangiare a… , mangia a… !

1. Dove devo mangiare?
2. Quali corsi devo seguire?
3. Cosa devo fare il fine settimana?
4. Dove posso studiare?
5. Dov'è possibile trovare un lavoro a tempo parziale?
6. Cosa devo fare per prendere buoni voti (*to get good grades*)?
7. Dove devo fare gli acquisti?
8. Come posso conoscere nuovi amici?

> **Dove devo… ?** = *Where
> should I … ?*
> **Come posso… ?** = *How
> can I … ?*

l **Tre ordini.** In coppia: Dica ad un compagno/una compagna di fare tre
cose specifiche. Se esegue (*carries out*) bene i suoi ordini, tocca a lui/lei (*it's
his/her turn*) dare ordini a lei!

>> Judy, prendi questa fotografia. Metti la fotografia nello zaino di
   Francesco e poi va' fuori.

Imperativo formale (*lei*)

Scusi, mi **dia** una mano, per favore.

Formal commands with **lei** are used less frequently than other command forms. The imperative of regular and many irregular verbs is formed by dropping the final **-o** from the present tense of the **io** form and adding **-i** to the stem of **-are** verbs and **-a** to the stem of **-ere** and **-ire** verbs.

> You have seen these forms since **Lezione 4** in the instructions for activities and exercises.

infinito	forma *io* del presente	imperativo con *lei*
scusare	scuso	scusi
prendere	prendo	prenda
sentire	sento	senta
finire	finisco	finisca

Here are some useful formal commands of regular and irregular verbs.

Mi dia	*Give me*	Mi dia un chilo di mele, per favore.
Mi scusi	*Excuse me*	Mi scusi, mi dispiace molto.
Venga	*Come*	Venga con noi, signora!
Vada	*Go*	Vada alla stazione, e poi…
Faccia	*Make / Do*	Non faccia così, signora.
Mi dica	*Say / Tell me*	Mi dica quanto costa, per cortesia.
Senta	*Listen*	Senta, che ore sono?
Guardi	*Look*	Guardi, signorina, per me va bene.
Prenda	*Take*	Prenda questa mela; è buonissima.

m **Cambiamenti.** Le seguenti frasi con l'imperativo sono informali. Come cambiano in una situazione formale?

>> Vieni con noi alla festa!   Venga con noi alla festa!

1. Senti, come sta tua sorella?
2. Vai a destra (*right*) e segui via Napoleone.
3. Fai una passeggiata!
4. Prendi un bicchiere e prova questo vino.
5. Di' il tuo nome alla professoressa!
6. Guarda, Antonio, non è un problema.
7. Scusa, Caterina. Non ho tempo oggi.

n **Imperativi logici.** Lei è in Italia e parla con le seguenti persone. Crei imperativi logici per ogni situazione.

- una commessa (*salesperson*) in un negozio di alimentari
- un cameriere ad un bar all'aperto
- il professore alla lezione d'italiano
- un agente ad un'agenzia di viaggi
- il bigliettaio (*ticket seller*) all'acquario di Genova

o **Dialogo.** In coppia: Uno studente/Una studentessa è andato/a al mercato all'aperto per comprare frutta e verdura per una cena. L'altro studente è il fruttivendolo. Create un dialogo usando imperativi formali come i seguenti.

Mi dica che cosa…
Guardi…
Prenda…
Mi dia un chilo di…
ecc.

By permission of Acquario di Genova

dei

Partitivo con *di*

— Nonna, cosa metti nel tiramisù?
— Ci metto **del** caffè, **dei** biscottini, **del** mascarpone e **degli** ingredienti segreti.

1. The concept *some* (known as the partitive) is usually expressed in Italian by **di** + *definite article*.

> Remember that **di** combines with a definite article: **di + il = del.**

Per la cena di stasera devo comprare **del** prosciutto,	*For dinner tonight I have to buy some ham,*
dello zucchero,	*some sugar,*
dell'olio d'oliva,	*some olive oil,*
della carne,	*some meat,*
dell'insalata,	*some salad greens,*
dei piselli,	*some peas,*
degli spinaci e	*some spinach, and*
delle patate.	*some potatoes.*

2. The partitive is not used if the quantity is specified.

Mi dia **mezzo chilo di** spinaci, per favore.
Mangiano **molta** insalata.

The partitive is never used in negative sentences and is often omitted in questions.

Qui non vendono pane.	*They don't sell bread here.*
I miei amici non bevono vino.	*My friends don't drink wine.*
Vuoi **(dell')** acqua minerale?	*Would you like some mineral water?*

3. The partitive can also be expressed with **un po' di** with singular nouns and **alcuni/e** with plural nouns.

Devo comprare **un po' di** frutta e **alcune** patate.

Lezione 7

p **Cambiamenti.** Cambi le seguenti frasi al plurale.

>> Ho visto un film.
Ho visto dei film.

1. Ho scritto un'e-mail.
2. Desidero una matita e una penna.
3. Ho passato un giorno con un'amica.
4. Ho preso un gelato al bar qui vicino.
5. Ho comprato un CD di musica italiana.
6. E poi ho comprato un'altra rivista.
7. Ho chiamato un amico.
8. Abbiamo passato un'ora insieme.

q **Al ristorante.** Una signora ordina da mangiare in un ristorante.
Completi la conversazione con la forma corretta del partitivo dove
necessario.

— Che cosa desidera la signora?
— Per antipasto, mi dia _____ prosciutto della casa. Poi come primo
piatto prendo _____ spaghetti al sugo. Per secondo prendo _____
vitello. E che verdura avete?
— Abbiamo _____ insalata…
— Avete _____ spinaci?
— No, mi dispiace. Non ci sono più _____ spinaci. Però abbiamo
_____ broccoli e _____ carote.
— Allora no, non prendo _____ verdura.
— Da bere, desidera _____ vino rosso, signora?
— No, grazie. Non bevo _____ vino. Piuttosto mi porti _____ acqua
minerale, per favore.

r **Ingredienti necessari.** Cosa le serve (*What do you need*) per preparare
le seguenti cose?

>> una buona pizza
Mi servono del formaggio, dei pomodori…

1. una buona pizza
2. un'insalata capricciosa
3. un panino enorme
4. un minestrone
5. una macedonia di frutta (*fruit salad*)
6. una sua specialità

iLrn Complete the
diagnostic tests to check your
knowledge of the vocabulary
and grammar structures
presented in this chapter.

Un'insalata capricciosa is
a mixed salad with variable
ingredients. If you see the word
capricciosa on a menu, the
ingredients are probably a result
of both availability and the whim
of the cook.

Parliamo un po'

a **Un sondaggio.** Faccia una breve intervista a tre studenti per sapere:

	Studente/Studentessa		
	1	2	3
la frutta che preferiscono	_____	_____	_____
la frutta che non mangiano	_____	_____	_____
le verdure che preferiscono	_____	_____	_____
le verdure che non mangiano	_____	_____	_____
la cucina (cinese, italiana, ecc.) che preferiscono	_____	_____	_____
i cibi che non mangiano	_____	_____	_____
i piatti (*dishes*) che preferiscono	_____	_____	_____
i piatti che non piacciono	_____	_____	_____

b **Una festa fra amici.** In gruppi di quattro: Voi desiderate organizzare una festa per dodici amici. Desiderate offrire panini, insalata, pizza e bibite analcoliche (*nonalcoholic drinks*). Fate una lista dei prodotti necessari e delle quantità di essi per tutte le persone.

>> (panini) un chilo di prosciutto, 24 panini, della lattuga…

panini	*pizza*	*insalata*	*bibite*
_____	_____	_____	_____
_____	_____	_____	_____
_____	_____	_____	_____
_____	_____	_____	_____

c **Agli ordini!** In coppia: Con un compagno/una compagna, dia almeno tre forme dell'imperativo per ogni situazione indicata.

>> Una madre parla al bambino cattivo.
   Finisci gli spinaci! Non parlare! ecc.

- Una madre parla al bambino cattivo.
- Lei parla al compagno/alla compagna di camera (*roommate*) molto pigro/a.
- Un turista chiede informazioni per andare alla stazione.
- Un medico parla al paziente.
- Una professoressa parla agli studenti.
- Lei parla agli amici. È venerdì sera e desiderate uscire.
- I genitori parlano alla figlia che parte per l'università.

d **Agli ordini (cont.).** In coppia: Con lo stesso compagno/la stessa compagna, scegliete una delle situazioni dell'Esercizio C e create un dialogo incorporando gli imperativi dell'Esercizio C.

>> Una madre parla al bambino cattivo.
   BAMBINO: Mamma, posso andare a giocare?
   MADRE: Pippo, finisci gli spinaci!
   BAMBINO: Ma non ho fame!
   MADRE: Non parlare! … , ecc.

e **Un furto misterioso.** In gruppi di quattro: C'è stato un furto (*robbery*) nella casa di una famiglia ricca della sua città. Il furto è accaduto (*took place*) tra le otto e le dieci di ieri sera. Create la scena dell'interrogatorio secondo i suggerimenti indicati.

S1: È l'investigatore privato che interroga le tre persone sospette. Domanda ad ognuna delle tre persone dov'è stata ieri sera, con chi e che cosa ha fatto.

S2: È andato/a ad una festa con un compagno/una compagna, ma si è sentito/a male ed è andato/a via presto da solo/a.

S3: È rimasto/a a casa a lavorare su un articolo e si è addormentato/a presto.

S4: È andato/a a vedere un film con un amico. È tornato/a a casa dopo mezzanotte.

>> S1: E lei che cosa ha fatto ieri sera?
   S2: Sono andata ad una festa in casa di amici.
   S1: È andata da sola? ecc.

Conoscere l'Italia

a In cerca di aggettivi. Nel brano che segue, cerchi l'aggettivo derivato da ciascuna delle parole indicate. Poi inserisca nella frase la forma appropriata dell'aggettivo.

>> (collina) Questo paese è molto _____.
Questo paese è molto collinoso.

1. (Liguria) Il golfo di Genova è nel Mare _Ligure_.
2. (fama) Uno dei personaggi _famose_ della Liguria è Cristoforo Colombo.
3. (geografia) Gli aspetti _geografiche_ di questa regione sono interessanti.
4. (tropico) Qui ci sono molti fiori _tropicali_
5. (costa) Le cittadine _costiere_ della regione sono spettacolari.
6. (monte) I terreni _mountuosi_ sono difficili da coltivare.
7. (turista) La zona è ricca di attrazioni _turistiche_.

La Liguria

una region de Italia.

<audio icon> CD1, Track 50

La Liguria è una regione con caratteristiche geografiche molto particolari. A sud della Liguria c'è il Mare Ligure; ad ovest la Francia, a nord il Piemonte e ad est ci sono l'Emilia-Romagna e la Toscana. In questa regione la catena delle Alpi si unisce con gli Appennini così che il territorio ligure è molto montuoso e collinoso. Coltivato a terrazze[1], il terreno dà prodotti di tipo mediterraneo. Sulle terrazze si coltivano ulivi, vigneti[2], frutta e agrumi[3]. Sulla costa invece si coltivano fiori e piante tropicali.

La zona costiera della Liguria è stretta[4] e piena di scogli[5]. Genova, il capoluogo regionale, divide la costa in Riviera di Levante e Riviera di Ponente[6]. Con le sue spiagge sabbiose[7] e i suoi golfi pittoreschi, la riviera ligure è una delle più famose località turistiche d'Italia. Il clima mite[8] della zona favorisce il turismo anche nei mesi invernali. Portofino, Portovenere, Rapallo e Sanremo sono cittadine liguri che attraggono sempre molti visitatori. Portofino è un promontorio molto suggestivo, con i suoi piccoli porti e strade panoramiche. Sanremo, con i suoi fiori, grandi alberghi e bellissime ville, grazie al suo clima favorevole, è il luogo di villeggiatura preferito di molti europei. Il mare è certamente la ricchezza della Liguria; rende il clima della regione mite e attrae annualmente milioni di turisti. Il Mare Ligure è anche un'eccellente via di comunicazione ed è molto ricco di pesce.

Piazzetta e porticciolo di Portofino, pittoresca cittadina della Liguria

Leksele / Shutterstock

▶ Locate Liguria, Mare Ligure, and Genova on the map of Italy on page 12. **Quale paese straniero confina con la Liguria? Con quali regioni italiane confina la Liguria?**

▶ Look at the physical map of Italy on page 10. Notice how the Alps run into the Apennines in Liguria.

▶ Look again at the map of Italy on page 12 and find the locations of the two Rivieras.

1. *terraces*   2. *vineyards*   3. *citrus fruit*   4. *narrow*
5. *cliffs*   6. *Eastern Riviera and Western Riviera*   7. *sandy*   8. *mild*

b **Domande.** Risponda alle seguenti domande basate sulla lettura.

1. Come si chiama il mare della Liguria? *Ligure*
2. Come si chiamano le catene montuose che si uniscono in Liguria? *Alpe*
3. Qual è il capoluogo della Liguria? *Genova*
4. Che cosa si coltiva sulle terrazze liguri? E sulla costa?
5. Quali sono le caratteristiche della zona costiera ligure?
6. Quali sono alcune cittadine pittoresche della costa ligure?
7. Quale cittadina di villeggiatura preferiscono molti europei? Perché?
8. Perché è caratteristica Portofino?
9. Che cosa rappresenta il mare per la Liguria? Perché?

David69 / Shutterstock

Una via caratteristica di una cittadina ligure.

Tarea

a **Definizioni.** Prima di leggere il seguente brano, abbini le definizioni con una parola della lista di destra. Ci sono due parole in più nella lista.

g 1. aggettivo di Genova
k 2. persone che praticano il commercio
e 3. un periodo della storia
i 4. persone che si occupano di finanza
b 5. persone che vanno per mari e oceani
f 6. persone che possiedono banche
d 7. gli abitanti di Genova
h 8. un'erba aromatica
j 9. un tipo di formaggio

a. il basilico
b. i navigatori
c. il condimento
d. i genovesi
e. il Medioevo
f. i banchieri
g. genovese
h. l'oliva
i. i finanzieri
j. il parmigiano
k. i commercianti

> The term "blue jeans" may derive from the blue cloth trousers that Genovese sailors used to wear.

Tareer-

CD1,
Track 51

Un grande porto di mare

Genova, chiamata "la Superba[1]", ha una gloriosa tradizione storica legata[2] principalmente alla sua posizione geografica. La fortuna e il prestigio di Genova sono associati con il mare. I genovesi sono sempre stati gente di mare[3]. Fin dal Medioevo hanno avuto una grande flotta[4] navale e sono stati bravi navigatori, commercianti, finanzieri e banchieri. Oggi Genova è il più importante porto di mare d'Italia ed è anche un grande centro commerciale e industriale. Genova è la città natale[5] di molti personaggi famosi quali Simone Boccanegra, Cristoforo Colombo, Goffredo Mameli, Giuseppe Mazzini, Eugenio Montale e Niccolò Paganini.

Genova: Una veduta della città.

La Liguria, e Genova in particolare, hanno contribuito anche alla bontà[6] e alla varietà della cucina italiana. Un contributo particolare è il pesto alla genovese[7]. Questo condimento è fatto di foglie di basilico, pinoli e aglio pestati[8], formaggio pecorino[9], parmigiano e olio d'oliva. Il pesto è utilizzato principalmente per condire i piatti di pasta[10].

1. *"the Proud One"*   2. *tied*   3. *seafaring people*
4. *fleet*   5. *birthplace*   6. *goodness*
7. *Genovese style*   8. *basil leaves, pine nuts, and garlic pounded together*
9. *sheep's milk cheese*   10. *to season pasta dishes*

▶ **Simone Boccanegra** (1339–1363) was doge of the Republic of Genoa. His life inspired Giuseppe Verdi's opera of the same name.
Cristoforo Colombo (1451–1506) was an explorer, credited with the discovery of America.
Goffredo Mameli (1827–1849) was a patriot and poet. He is the author of the Italian national anthem.
Giuseppe Mazzini (1805–1872) was a patriot whose actions and writings contributed to the unification of Italy.
Eugenio Montale (1896–1981) was a poet who received the Nobel Prize for Literature in 1975.
Niccolò Paganini (1782–1840) was a violinist and a composer. He composed *Concerti*, *Capricci* and *Sonate*.

b **Che cosa ricorda?** Dia il nome o la descrizione delle seguenti caratteristiche di Genova.

1. nome dato a Genova
2. a che cosa è legata la storia genovese
3. chi sono gente di mare
4. attività dei genovesi fin dal Medioevo
5. tre personaggi famosi nati a Genova
6. condimento tipico di Genova e come viene utilizzato
7. quattro ingredienti del pesto alla genovese

Es una citá molto la superba
Principalmente alla sua posizione grografica, perche i genovesi sono gente di mare.

Videoteca   *Al mercato*

Prima di guardare

a **Formale o informale?** Quali delle frasi sono formali e quali sono informali? Come lo sa?

1. Senta, ho una domanda su quest'olio d'oliva.
2. Come mai ti sei alzato così presto?
3. Prego, signorina. Mi dica.
4. Mi dia quella bottiglia di aceto, per favore.
5. Grazie e arrivederla.
6. Prepari mai la torta di ciliege di tua madre?
7. Perché ti sei fermata?
8. Legga quest'etichetta (*label*) sulla bottiglia.

Mentre guarda il video

b **Quali cibi?** Quali dei seguenti cibi sono menzionati nel video?

fagiolini	pomodori	olio d'oliva
funghi	origano	aceto
cipolle	formaggio	melanzane
carciofi	aglio	fragole

© Cengage Learning

c **Domande.** Risponda alle domande con frasi complete.

1. Che cosa desidera sapere Sara dell'olio d'oliva?
2. Che cosa indica l'etichetta sulla bottiglia?
3. Che cosa compra Sara e quanto paga in tutto?
4. Perché Sara è stanca oggi?
5. Che cosa fa Sara di solito il sabato?
6. Che cosa prepara la madre di Sara per Thanksgiving?

d **Interviste.** Alcune persone parlano di dove fanno la spesa. A chi si riferiscono le seguenti frasi: (1) **Margaret**, (2) **Aida**, (3) **Luigi** o (4) **Lina**?

1. Fa la spesa in un supermercato sotto casa.
2. Preferisce il mercato rionale perché c'è più scelta.
3. Solo lei fa la spesa in casa sua.
4. Trova molto simpatici i rivenditori del mercato rionale.
5. Preferisce il rapporto (*relationship*) personale che c'è nei piccoli negozi.
6. Compra al negozio biologico in Trastevere.

© Cengage Learning

Ricetta: riso ai funghi

Sara prepara un **primo piatto** popolare in tutta l'Italia, specialmente in autunno quando si raccolgono (*are harvested*) i funghi. Gli ingredienti variano da regione a regione, ma ecco una tipica lista di ingredienti.

Ingredienti per 4 persone
4 funghi porcini
350 grammi di riso
1 cucchiaio di prezzemolo (*tablespoon of parsley*)
2 spicchi (*cloves*) d'aglio
¼ cipolla rossa
20 g. di burro
1 bicchiere di vino bianco secco
7,5 decilitri di brodo di manzo (*beef*)
olio extravergine quanto basta
parmigiano grattugiato
sale e pepe

Dopo aver guardato

e **Un piatto speciale.** Lei desidera preparare un piatto speciale per i suoi amici per domenica. Scriva alcuni ingredienti di cui ha bisogno per preparare il piatto.

Quantità   Ingrediente
_____   _____
_____   _____
_____   _____
_____   _____

f **Dialogo.** Sabato mattina va al mercato rionale per comprare alcuni ingredienti per il piatto descritto sopra. Risponda alle domande del negoziante.

— Buon giorno signorina/signore. Mi dica.
_____

— Bene, quale piatto desidera preparare?
_____

— Interessante! Di che cosa ha bisogno per preparare questo piatto?
_____

— Sì, ecco qui. Tutto è di qualità superiore.
_____

— Sono _____ euro e _____ centesimi. Le serve qualcos'altro?
_____

— Bene, sono _____ euro e _____ centesimi in tutto.
_____

— No, mi dispiace. Qui al mercato non accettiamo carte di credito.
_____

— Grazie a lei. Arrivederla.

COMMUNICATIVE OBJECTIVES

- Express wants and obligations
- Describe and talk about family
- Talk about travel wants and plans

Una famiglia italiana pranza in giardino.

RISORSE

 audio

 video

 www.cengagebrain.com/shop/
ISBN/0495913391

 ilrn.heinle.com

Jutta Klee / Photolibrary

CD2,
Track 2

La famiglia Orlandi è a cena. Il padre Carlo e la madre Luciana sono seduti a tavola con i loro due figli Stefano e Alessandra. Stefano ha appena° ottenuto il diploma di maturità scientifica e Alessandra frequenta il liceo classico.

just

1	ALESSANDRA:	Papà, ti devo dire una cosa. L'ho già detta alla mamma e lei è d'accordo.
	IL PADRE:	Di che cosa si tratta?
	ALESSANDRA:	A luglio la mia amica Giuliana va in macchina nel Veneto
5		e mi ha chiesto di andare con lei. Tu la conosci Giuliana, non è vero?
	IL PADRE:	Ma non è quella tua amica che ha preso la patente solo qualche mese fa? No, non se ne parla proprio°!
	LA MADRE:	Ma, Carlo, Giuliana è una brava ragazza ed è molto
10		responsabile!
	IL PADRE:	Luciana, ti prego. Alessandra viene in montagna con noi. E tu, Stefano, hai deciso quale facoltà universitaria vuoi frequentare?
	STEFANO:	Veramente no, non l'ho ancora scelta. Anzi°, a dire la verità,
15		penso di non iscrivermi all'università per quest'anno.
	IL PADRE:	Che cosa hai detto? Ho sentito bene?
	STEFANO:	Sì, papà. Voglio andare un anno in Inghilterra per imparare meglio l'inglese.
	LA MADRE:	Stefano, questa idea è nuova. Tu sei sempre stato in famiglia
20		e non sei mai andato all'estero. Sei sicuro di poter stare da solo e lontano da casa per un anno intero?
	IL PADRE:	E poi come pensi di pagare tutte le spese?
	STEFANO:	Ho già messo da parte° un bel po' di soldi e poi posso sempre cercare un lavoro.
25	LA MADRE:	Stefano, ti sembra proprio una buona idea?
	IL PADRE:	Ma sì, Luciana, non è poi una cattiva idea. Vivere all'estero per un anno, il contatto con altri giovani e un'esperienza di lavoro gli faranno certamente bene°.

Let's forget it!

Indeed

to learn

I've already saved

will certainly do him good

Domande

1. Dov'è la famiglia Orlandi?
2. Cosa fanno i figli?
3. Dove vuole andare Alessandra? Con chi vuole andare?
4. Che cosa pensa di fare Stefano? Perché?
5. Il padre è d'accordo con i programmi dei figli? Perché?
6. E che cosa pensa la madre?

> In Italy, the main meal (**il pranzo**) is eaten between 1 and 2:30 P.M. **La cena** is a lighter meal eaten between 8 and 10 P.M.

Domande personali

1. Lei lavora durante l'anno accademico? Dove? Perché?
2. Cosa fa di solito durante l'estate?
3. Che programma ha fatto lei per l'estate prossima? E per l'anno prossimo?
4. I suoi genitori che cosa dicono dei suoi programmi?
5. Lei discute spesso con i suoi genitori? Di che cosa discute?

La famiglia italiana

Negli ultimi anni la società italiana ha subito[1] molti cambiamenti[2]. Secondo l'Eurispes (Istituto di studi politici, economici e sociali), questi cambiamenti sono molto evidenti nell'istituzione famigliare. Gli studi di questo istituto presentano un panorama completamente nuovo della famiglia italiana, dove solo il 50% segue il modello tradizionale: padre e madre regolarmente sposati che vivono con i loro figli nella stessa casa.

L'altra metà[3] delle famiglie è composta da conviventi[4], persone single, nuclei monoparentali[5] e coppie[6] senza figli. Un aspetto demografico importante della famiglia italiana contemporanea è la crescita[7] zero delle nascite. Molte coppie sposate o conviventi preferiscono non avere figli o avere solo un figlio. La maggior parte dei bambini nati negli ultimi anni sono infatti figli di coppie di immigrati extracomunitari che contribuiscono a fare dell'Italia un Paese sempre più multirazziale, multietnico e multiculturale.

- La famiglia nel suo Paese ha caratteristiche simili a quelle della famiglia italiana? Spieghi le similarità e le differenze.

1. *has undergone*
2. *changes*
3. *half*
4. *couples living together*
5. *single parent*
6. *couples*
7. *growth*

Una giovane famiglia si diverte al parco.

Allison Michael Orenstein / Photolibrary

Situazioni

1. Domandi ad un amico/un'amica cosa vuole fare stasera.

   >> — Cosa vuoi fare stasera?
      — Voglio andare al cinema (fare due passi / fare acquisti / fare quattro salti in discoteca).

2. Reagisca a quello che dice un suo compagno/una sua compagna di scuola sui suoi programmi.

   >> — Penso di non lavorare quest'estate (lavorare un anno in Italia / non finire l'università / cambiare facoltà).
      — Che cosa hai detto? (Ho sentito bene? / Sei sicuro/a di poterlo fare? / Perché?)

Pratica

1. In coppia: Domandi ad un amico/un'amica perché ha scelto questa università e quale facoltà ha scelto o pensa di scegliere. Poi si prepari a spiegare i motivi (*reasons*) delle sue scelte.

2. In coppia: Reagisca alla notizia (*news*) di un amico/un'amica che ha appena trovato un lavoro come bagnino (*lifeguard*) e che la invita a cercare un lavoro estivo. Preparate un dialogo appropriato.

>> S1: Ho appena…
S2: Davvero? Sono…
S1: Perché non cerchi…
S2: …

◀)) **Vocabolario**

Parole analoghe

il contatto	la mamma
l'esperienza	responsabile

Nomi

la cena   supper
la cosa   thing
la facoltà   school (*of medicine, law, etc.*)
i genitori   parents
il programma   plan
la spesa   expense
la tavola   table

Verbi

discutere   to argue, discuss
dovere   to have to, must
iscriversi   to enroll
ottenere   to obtain, get
pensare di   to intend to, to think to
scegliere (*p.p.* **scelto**)   to choose
trattarsi (di)   to be about
vivere (*p.p.* **vissuto**)   to live

Aggettivi

intero/a   entire, whole
prossimo/a   next
quello/a   that

Altre parole ed espressioni

meglio   better
troppo   too
essere d'accordo   to agree
con lei   with her
lontano da   far from
in montagna   to the mountains
la patente di guida   driver's license
non… ancora   not . . . yet
non… mai   never
un bel po' di   quite a lot of
ti prego   I beg you

▶ **La tavola** refers mainly to the dinner table; **il tavolo** refers to the object itself: **La famiglia è a tavola** but **Il tavolo è troppo piccolo.**

◄)) Pronuncia

I suoni delle combinazioni /sc/ e /sch/

The combination of the letters **sc** is pronounced in two ways, depending on the vowel that follows it: soft /ʃ/, as in **pesce**, before **e** and **i**; and hard /**sk**/, as in **pesca**, before **a, o**, and **u**. The letter combination **sch** is always pronounced hard /**sk**/, as in **freschi**. Thus some words have an **h** in the plural to retain the hard pronunciation: **tedesco → tedeschi**.

◄)) CD2, Tracks 3–4

a Ascolti e ripeta le seguenti parole.

scienze	la**sc**iare	**sc**orso	To**sc**ana	fre**sch**e
pro**sc**iutto	u**sc**ire	**sc**uola	tede**sc**o	di**sch**i
sciare	cono**sc**ere	di**sc**oteca	**sc**rivere	ma**sch**i

b **Proverbio.** Ascolti e ripeta il seguente proverbio.

Tanto cresce l'avarizia, quanto cresce il danaro.
Greed is never satisfied.
(Literally: Avarice grows as money increases.)

> Ex. B: In what situations could you use this proverb?

◄)) Ampliamento del vocabolario

La famiglia e i parenti

i genitori parents	**la nipote** granddaughter; niece
il nonno grandfather	**il patrigno** stepfather
la nonna grandmother	**la matrigna** stepmother
i nonni grandparents	**il suocero** father-in-law
i parenti relatives	**la suocera** mother-in-law
lo zio uncle	**il genero** son-in-law
la zia aunt	**la nuora** daughter-in-law
il cugino (male) cousin	**il cognato** brother-in-law
la cugina (female) cousin	**la cognata** sister-in-law
il nipote grandson; nephew	

Note: Masculine plural nouns, such as **gli zii** and **i cugini,** may refer to all-male groups or to a mixed group of males and females. Context usually makes the meaning clear.

Altre espressioni utili

la coppia couple	**essere sposato/a** to be married
innamorarsi to fall in love	**essere separato/a** to be separated
fidanzarsi to become engaged	
sposarsi to get married	**divorziare** to divorce
convivere to live together	**essere divorziato/a** to be divorced

a Domande. Risponda alle seguenti domande personali.

1. Lei è fidanzato/a? È sposato/a?
2. Pensa di sposarsi?
3. Secondo lei, è bene sposarsi molto giovane? Perché?
4. Ha un cognato? Quando si è sposata sua sorella?
5. Ha una cognata? Quando si è sposato suo fratello?
6. Ha uno zio / una zia? Dove abita? È single o sposato/a?
7. Lei ha cugini? Quanti? Dove abitano?

b L'albero genealogico. In coppia: Assuma il ruolo di Marisa o di Luigi ed indichi al suo compagno/alla sua compagna il grado di parentela (*relationship*) con gli altri membri della famiglia, secondo l'albero genealogico che segue.

>> Paolo Martinelli è mio nonno.

La famiglia Martinelli

Maria Salvatorelli Paolo Martinelli

Franca Baresi Mario Martinelli   Giuseppe Martinelli Matilde Ratiglia

Silvia   Luigi   Marisa   Antonio   Gianni   Elena

c **La famiglia di Matilde.** In coppia: Immagini di conoscere Matilde Ratiglia e di rispondere al suo compagno/alla sua compagna che fa alcune domande sulla famiglia di Matilde. Cerchi le risposte nell'albero genealogico presentato nell'Esercizio B.

1. Come si chiama il marito di Matilde?
2. Chi sono i suoi figli?
3. Chi è Paolo Martinelli?
4. Chi sono Silvia e Luigi?
5. Chi è Franca Baresi? E Mario Martinelli?
6. Chi è Marisa? E Maria Salvatorelli?
7. Com'è la famiglia di Matilde, piccola o grande?

Lei viaggia?

La guida

guidare (velocemente / lentamente) to drive (fast / slowly)
noleggiare un'automobile, una macchina to rent a car
parcheggiare to park
il parcheggio a pagamento pay parking
la stazione di servizio gas station
la benzina gasoline
fare controllare l'olio (le gomme, i freni) to have the oil (tires, brakes) checked
fare il pieno to fill it up

Viaggiare

l'agenzia di viaggi travel agency
fare le prenotazioni (prenotare) to make reservations
il biglietto aereo (ferroviario) airline (train) ticket
il passaporto passport
il viaggio trip
il volo flight
la valigia suitcase
i bagagli luggage
fare le valige to pack the suitcases

▶ In Italy, **la benzina** is sold by the liter (**il litro**); 4 liters = approx. 1 gallon.

La pompa della benzina: Quanto costa un litro di benzina?

d **Gita in montagna.** In coppia: Lei va in montagna per tre giorni con un amico/un'amica. Telefoni all'albergo Stella Alpina e faccia le prenotazioni.

>> S1: Albergo Stella Alpina, buon giorno.
   S2: Buon giorno. Desidero fare…

e **In albergo.** In coppia: Lei è arrivato/a in macchina in un'albergo di Pisa. Domandi al portiere dov'è una stazione di servizio perché deve fare il pieno. Poi vuole anche sapere dove può parcheggiare la macchina. Il portiere risponde che c'è una stazione di servizio vicino all'albergo e il parcheggio a pagamento è tra la chiesa e l'ufficio postale. Preparate un dialogo appropriato.

>> — Scusi, mi può dire…
   — C'è…

f **Prenotazioni.** In coppia: Lei deve andare all'estero. Telefoni ad un'agenzia di viaggi per prenotare un volo per Roma. L'agente le risponde che solo il sabato c'è un volo diretto per Roma e le domanda se lei ha già il passaporto. Prima di fare le valige, lei vuole sapere quanti bagagli può portare e se può noleggiare una macchina in anticipo.

>> — Buon giorno, signore (signora/signorina). Mi dica.
   — Buon giorno. Ho bisogno di…

Due studentesse sono in partenza alla stazione ferroviaria.

Centro Turistico Studentesco e Giovanile
www.cts.it
2011

Struttura ed uso

Dovere, potere e volere

Dobbiamo pulire la casa.

Ma non **vogliamo!**

1. The verbs **dovere** (*to have to*), **potere** (*to be able*), and **volere** (*to want*) are modal verbs; that is, they are usually followed by a dependent infinitive.

— Papà, ti **dobbiamo dire** una cosa.
— Cosa **dovete dirmi?**

Alessandra **può venire** in montagna con noi.
Stefano **può andare** a studiare in Inghilterra.

— Tu **vuoi fare** lezioni di guida?
— Sì, **voglio prendere** la patente.

2. **Dovere, potere,** and **volere** have irregular forms in the present tense.

	dovere *must, to have to, ought to*	potere *can, to be able to*	volere *to want; to wish*
io	devo	posso	voglio
tu	devi	puoi	vuoi
lui/lei	deve	può	vuole
noi	dobbiamo	possiamo	vogliamo
voi	dovete	potete	volete
loro	devono	possono	vogliono

> Remember that triphthongs, as in **vuoi** and **puoi**, are pronounced as a single syllable. Notice that **può** has a written accent.

3. The past participles of **dovere, potere,** and **volere** are regular. The **passato prossimo** of **dovere, potere,** and **volere** is formed with either **avere** or **essere,** depending on the infinitive that follows. If the infinitive is transitive (can take a direct object), use **avere.** If it is intransitive (cannot take a direct object), use **essere** and make the past participle agree with the subject. If there is no infinitive, **avere** is used.

Maria ha dovuto finire i compiti.	*Maria had to finish her homework.*
È dovuta stare a casa.	*She had to stay home.*
Non hanno voluto pagare i biglietti.	*They didn't want to pay for the tickets.*
— Sono potuti uscire con voi?	*— Were they able to go out with you?*
— Non hanno voluto.	*— They didn't want to.*

▶ The use of the auxiliary **avere** with all verbs is increasing: you may hear **Hanno voluto uscire con noi.**

a **Non si può.** Dica che le seguenti persone non possono fare certe attività. Usi la forma appropriata del presente di **potere.**

>> Vogliono uscire...   ma non possono.
   Vuole mangiare...   ma non può.

1. Voglio fare una passeggiata...   *ma non possono*
2. Vuoi comprare una moto...
3. Vuole andare in centro a fare acquisti...
4. Le sorelle vogliono fare colazione...   *ma non possono*
5. Mia cognata vuole visitare Venezia...   *ma non può*
6. Volete vedere un film...   *ma non potete*

b **Frasi logiche.** Formuli frasi logiche con un soggetto dalla prima colonna, un verbo modale dalla seconda e una frase dipendente dall'ultima.

>> Alessandra vuole passare le vacanze con un'amica.

Stefano	volere	passare le vacanze con un'amica
Alessandra	non volere	scegliere una facoltà universitaria
i figli	potere	andare nel Veneto da sola
la madre	non potere	chiedere un favore al papà
il padre	dovere	venire in montagna con i genitori
i genitori	non dovere	iscriversi all'università
Giuliana		imparare l'inglese
		permettere ad Alessandra di viaggiare
		prendere una decisione
		pagare le spese del viaggio
		vivere all'estero

c **Cambiamenti.** Metta tutto il paragrafo al passato prossimo.

Giuliana non vuole passare l'estate a casa. Vuole lavorare in un campeggio per bambini nel Veneto. Può andare da sola o può viaggiare con un gruppo di altri studenti. Deve chiedere il permesso al papà. Deve avere anche il permesso della mamma.

d **Un viaggio.** In coppia: Parlate di un viaggio che volete fare in Italia. Decidete:

- quando potete partire
- come volete viaggiare (in treno? in aereo? quale linea? noleggiare una macchina?)
- le città che volete visitare in Italia
- cosa volete vedere (musei? monumenti? come vivono gli italiani?)
- cosa volete fare (mangiare? comprare? andare a trovare parenti?)
- quando dovete tornare negli Stati Uniti

Dopo, riferite i vostri progetti alla classe.

>> Noi vogliamo andare in Italia. Possiamo partire il 3 marzo con l'Alitalia...

e **Dovere e potere.** In coppia: Dica ad un altro studente/un'altra studentessa:

- tre cose che ha dovuto fare la settimana scorsa e quando le ha fatte
- tre cose che non ha potuto fare l'anno scorso e perché

>> La settimana scorsa ho dovuto scegliere i corsi per il prossimo semestre. Ho scelto i corsi mercoledì mattina.
L'anno scorso non sono potuto/a andare in California perché...

Pronomi diretti

— Hai visto Luciano?
Abbiamo un appuntamento e non **lo** posso trovare.
— Io non **l'**ho visto.

1. The direct object of a verb is the thing or person directly affected by the action of the verb. It answers the question *what?* or *whom?* The direct object can be replaced by a pronoun to avoid repetition.

— Luciana, conosci **Angelo?**	— *Luciana, do you know Angelo?*
— Sì, **lo** conosco.	— *Yes, I know him.*
— Stefano ordina **la pizza?**	— *Is Stefano ordering the pizza?*
— Sì, **la** ordina.	— *Yes, he's ordering it.*
— Chi invita **i parenti?**	— *Who is inviting the relatives?*
— Mariella **li** invita.	— *Mariella is inviting them.*

2. This chart shows the forms of the direct-object pronouns.

singolare		plurale	
mi	*me*	ci	*us*
ti	*you*	vi	*you*
lo	*him, it*	li	*them (m.)*
la	*her, it, you (formal)*	le	*them (f.)*

> The direct-object pronouns **lo** and **la** often contract before verbs that begin with a vowel sound: **Amo Roberto; L'amo.**

3. The direct-object pronoun usually precedes a conjugated verb.

— **Mi** aspetti dopo la lezione?   — *Will you wait for me after class?*
— Sì, **ti** aspetto.   — *Yes, I'll wait for you.*

However, when a direct-object pronoun is used in an infinitive phrase, the infinitive drops its final **-e** and the pronoun is attached.

La televisione? La guardo spesso.   *Television? I watch it often.*
  Mi piace **guardarla.**   *I like to watch it.*
I genitori? Li vedo spesso. Ho   *My parents? I see them often.*
  voglia di **vederli** adesso.   *I feel like seeing them now.*

When direct-object pronouns are used with the modal verbs **dovere, potere,** or **volere** followed by an infinitive, the pronoun may either precede the conjugated verb or be attached to the infinitive.

Ho studiato l'inglese, ma **lo**
  voglio imparare meglio.   *I've studied English, but I want*
Ho studiato l'inglese, ma voglio   *to learn it better.*
  imparar**lo** meglio.

> Both positions are common, but current usage seems to favor the pronoun before the verb: **Ti devo dire una cosa.**

Ho sentito le parole, ma non **le**
  posso capire.   *I heard the words, but I can't*
Ho sentito le parole, ma non   *understand them.*
  posso capir**le.**

Direct-object pronouns are attached to the end of **tu, noi,** and **voi** imperatives and the word **ecco.**

Dove sei? Ah, ecco**ti!**   *Where are you? Oh, there you are!*
Vuoi il panino? Prendi**lo!**   *Do you want the sandwich? Take it!*
Ascoltate**mi!**   *Listen to me!*

4. When the direct-object pronouns **lo, la, li,** and **le** precede a verb in the **passato prossimo,** the past participle of the verb agrees with the direct-object pronoun.

> The direct-object pronouns **la** and **lo** normally elide with forms of the auxiliary verb **avere; le** and **li** do not.

Ha scritto la lettera e **l'**ha spedit**a.**   *She wrote the letter and she sent it.*
Ha cercato lavoro e **l'**ha trovat**o.**   *He looked for a job and he found it.*
Abbiamo visto le amiche e **le**   *We saw our friends and we*
  abbiamo salutat**e.**   *greeted them.*
Hanno preparato i fagiolini e   *They prepared the green beans*
  li hanno mangiat**i.**   *and they ate them.*

Agreement of the past participle is optional with the direct-object pronouns **mi, ti, ci, vi.**

— Ragazzi, **vi** ha { **invitato** / **invitati** } Filippo?

— Sì, **ci** ha { **invitato.** / **invitati.** }

Vedi quella statua? **L'ho fatta** io!

f **Lo mangi o no?** In coppia: Domandi ad un compagno/una compagna se mangia o beve le seguenti cose.

>> gli spinaci   S1: Mangi gli spinaci?
                   S2: Sì, li mangio. / No, non li mangio.

>> il caffè   S1: Bevi il caffè?
                   S2: Sì, lo bevo. / No, non lo bevo.

1. la carne   4. il latte   7. la birra messicana
2. il tè   5. gli asparagi   8. i carciofi
3. le vongole   6. le melanzane   9. il pesce

g **Sostituzioni.** Nei seguenti paragrafi, il complemento diretto è ripetuto molte volte. Lo sostituisca con il pronome diretto dove appropriato per evitare (*avoid*) questa ripetizione inutile.

1. Giuliana è una mia amica. Conosci Giuliana? Chiamo Giuliana ogni giorno. Incontro Giuliana sempre all'università. Vedo Giuliana ogni pomeriggio dopo la lezione d'inglese. Quando esco la sera, invito sempre Giuliana. A volte trovo Giuliana piuttosto noiosa, ma considero Giuliana una buona amica.

2. Ogni giorno Piero mangia due tramezzini al tonno. Prepara i tramezzini al tonno prima di uscire. Mette i tramezzini al tonno nello zaino e porta i tramezzini al tonno a scuola. Mangia i tramezzini al tonno a mezzogiorno e quando finisce di mangiare i tramezzini al tonno, si sente soddisfatto.

In questo dipinto del 1855, l'artista inglese Dante Gabriel Rossetti rappresenta l'incontro fra Dante e Beatrice.

h Dante e Beatrice. Il giovane poeta Dante ama Beatrice ma, come sempre in amore, ci sono problemi. Qui Dante parla con un suo amico dei suoi problemi amorosi. Legga tutto il dialogo per vedere cosa dicono. Poi completi la conversazione con i pronomi appropriati.

— Non so che cosa succede a Beatrice. Non _____ ama più.
Non _____ chiama più. Ogni volta che _____ incontro per strada, lei non _____ saluta. E io _____ amo tanto!

— Dante, Dante! Certo che Beatrice _____ ama. Forse (*Maybe*) suo padre non le permette di chiamar _____. E forse non vuole salutar _____ per strada perché è sempre in compagnia delle amiche. Perché non scrivi una poesia e poi _____ puoi mandare a Beatrice?

— Buona idea!

> Dante Alighieri tells the story of his love for Beatrice in ***La vita nuova***, a collection of lyric poems and explanatory prose written in 1295.

i Una festa. In coppia: Voi organizzate una festa per il prossimo sabato e dovete dividere il lavoro. Una persona chiede all'altra se può fare le seguenti cose. L'altra risponde sì o no, usando un pronome diretto.

>> invitare gli amici

S1: Puoi invitare gli amici?
S2: Sì, li posso invitare. / Sì, posso invitarli.
    No, non li posso invitare. / No, non posso invitarli.
S1: Allora li invito io.

1. comprare le bibite
2. preparare i panini
3. portare un lettore MP3
4. portare i CD
5. decorare la casa
6. organizzare i giochi

j **L'hai preso?** Lei ed un compagno/una compagna siete in partenza per un breve viaggio. Chieda al compagno/alla compagna se ha preso le seguenti cose necessarie per il viaggio.

>> la valigia   S1: Hai preso la valigia?
                        S2: Sì, l'ho presa.

1. il biglietto   5. la videocamera
2. il passaporto   6. i bagagli
3. i panini   7. la macchina fotografica
4. la guida turistica

k **Un quiz.** Piccolo quiz su italiani famosi.

1. Chi ha scritto *La Divina Commedia*?   *Dante Alighieri*
2. Chi ha scoperto (*discovered*) l'America?   *Cristoforo Colombo*
3. Chi ha inventato la radio?   *Guglielmo Marconi*
4. Chi ha fatto il primo telescopio?   *Galileo Galilei*
5. Chi ha portato gli spaghetti dall'Oriente?   *Marco Polo*
6. Chi ha scritto la musica de *La traviata*?   *Giuseppe Verdi*
7. Chi ha dipinto gli affreschi (*painted the frescoes*) della Cappella Sistina?   *Michelangelo Buonarroti*
8. Chi ha scoperto la fissione atomica?   *Enrico Fermi*

l **Chi ha fatto queste cose?** Trovi nella sua classe una persona che ha fatto le seguenti cose.

>> studiare la storia dell'arte   S1: Hai mai studiato la storia dell'arte?
                                         S2: Sì, l'ho studiata. / No, non l'ho mai
                                             studiata.

1. ascoltare *Le Quattro Stagioni* di Vivaldi
2. mangiare la pizza bianca
3. vedere il film *Il postino*
4. visitare le isole Hawaii
5. leggere *La Divina Commedia* di Dante
6. conoscere un uomo politico importante

> **Le Quattro Stagioni** are four violin concertos by Venetian composer **Antonio Vivaldi (1678–1741)**, each representing a different season.

Aggettivi e pronomi dimostrativi *questo* e *quello*

1. The demonstratives **questo** (*this / these*) and **quello** (*that / those*) can function as either adjectives or pronouns. As adjectives, they modify nouns and always precede the noun. As pronouns, they replace the nouns and stand alone. In either case, they agree with the noun in gender and number.

— **Questa valigia** è troppo piccola.   — *This suitcase is too small.*
— **Quella** è abbastanza grande.   — *That one is big enough.*

— Conosci **quei ragazzi**?   — *Do you know those guys?*
— Quali? **Quelli**?   — *Which ones? Those?*

2. The adjective **questo** has the four regular forms of an adjective ending in **-o**. It can be shortened to **quest'** before singular nouns beginning with a vowel.

Vedi **questa** fotografia? **Queste** ragazze sono le mie nipoti e **quest'**uomo è mio nonno.	*See this picture? These girls are my nieces and this man is my grandfather.*

3. The adjective **quello** follows the same pattern of agreement as the adjective **bello**.

aggettivo dimostrativo *quello*	
singolare	**plurale**
quel ragazzo	**quei** ragazzi
quello studente	**quegli** studenti
quell'amico	**quegli** amici
quella ragazza	**quelle** ragazze
quell'amica	**quelle** amiche

Quella signora è la moglie dell'ambasciatore francese.	*That woman is the wife of the French ambassador.*
Quegli americani sono amici di Umberto Eco.	*Those Americans are friends of Umberto Eco's.*
Quel ragazzo è il figlio del primo ministro.	*That boy is the prime minister's son.*
Quei giovani sono giornalisti.	*Those young people are journalists.*

4. As pronouns, **questo** and **quello** each have four regular forms.

pronome dimostrativo *questo* e *quello*			
singolare	**plurale**	**singolare**	**plurale**
questo	questi	quello	quelli
questa	queste	quella	quelle

Quel passaporto è mio, ma **quello** è di mia moglie.	*That passport is mine, but that one is my wife's.*
Questa moto è italiana, ma **queste** sono giapponesi.	*This motorcycle is Italian, but these are Japanese.*
Quest'orologio è di marca svizzera, ma **quello** è un Timex.	*This watch is a Swiss brand, but that one is a Timex.*
Quel CD è nuovo, ma **questo** è uscito due anni fa.	*That CD is new, but this one came out two years ago.*

m **In cartoleria.** In coppia: Lei è in una cartoleria (*book / stationery store*) e chiede il prezzo di vari articoli al commesso.

>> matite (€2,25)   S1: Quanto costano quelle matite?

   S2: Queste matite costano due euro e venticinque centesimi.

1. rivista (€2,50)   4. carta telefonica (€10)   7. calendario (€12,75)
2. dizionario (€80)   5. giornali (€1,50)   8. quaderni (€4,50)
3. penne (€2,35)   6. calcolatrice (€7,50)

n **Un teleromanzo.** In coppia: Mentre guarda un teleromanzo (*soap opera*) con un amico/un'amica, spieghi (*explain*) chi sono i personaggi (*characters*) secondo il modello.

>> Questa ragazza è buona, ma quella è cattiva.
   Quel signore è ricco, ma questo ha perduto tutti i soldi.

1. Quel giovane è simpatico, ma…
2. Questa donna è sposata, ma…
3. Quei bambini abitano con la madre, ma…
4. Quell'uomo è molto generoso, ma…
5. Queste ragazze lavorano in un ospedale, ma…
6. Quella signora soffre di amnesia, ma…
7. Quel ragazzo è il figlio di quella signora, ma…

o **Al mercato all'aperto.** In coppia: Lei è al mercato all'aperto e desidera comprare le seguenti cose. Con un compagno/una compagna che fa la parte del venditore, dica che cosa desidera secondo il modello.

>> ciliege / mezzo chilo   S1: Mezzo chilo di ciliege, per favore.
   S2: Queste ciliege o quelle?
   S1: Queste, per favore.

1. fagiolini / un chilo   5. pane / un po' di
2. prosciutto / un etto (*100 grams*)   6. funghi / un cestino (*basket*)
3. spinaci / mezzo chilo   7. pere / due chili
4. uva / due chili   8. pomodori / tre chili

p **Domande.** In coppia: Domandi ad un altro studente/un'altra studentessa dove ha comprato almeno quattro cose che lui/lei ha.

>> S1: Dove hai comprato quello zaino?
   S2: Questo? In libreria.

q **Una foto di famiglia.** In gruppi di quattro: Faccia vedere agli altri studenti del gruppo una fotografia di famiglia o di amici. Dica chi sono le persone nella foto, usando i dimostrativi dove possibile e risponda alle domande degli altri studenti.

>> — Ecco una foto di tre amici. Questo ragazzo si chiama Franco e quello si chiama Tim. Questo abita nella mia città ma quello adesso abita in California…
   — E chi è questa ragazza? ecc.

iLrn Complete the diagnostic tests to check your knowledge of the vocabulary and grammar structures presented in this chapter.

Parliamo un po'

a **La famiglia.** In coppia: Prepari un albero genealogico come a pagina 191 con tre generazioni della sua famiglia (con zii, cugini, ecc.). Poi dica ad un compagno/una compagna il nome e l'età di ogni membro della famiglia.

>> Questo è mio nonno. Si chiama Paolo e ha sessantadue anni.

b **Conoscere un amico/un'amica.** In coppia: con un compagno/una compagna crei un'intervista sul seguente argomento.

S1: Lei lavora per il giornale della sua università e deve intervistare uno studente straniero/una studentessa straniera. Lei vuole sapere:
- il suo nome
- dove abita la sua famiglia
- il numero di fratelli e sorelle
- nomi ed età di fratelli e sorelle
- che lavoro fanno i suoi genitori
- da quanto tempo è negli Stati Uniti
- perché è venuto/a a quest'università
- se gli piace essere qui e perché

S2: Lei è uno studente italiano/una studentessa italiana venuto/a negli Stati Uniti per mezzo di un programma di scambio (*exchange*) culturale. Un/a giornalista vuole farle alcune domande per un articolo che scrive sul giornale dell'università. Risponda con le informazioni indicate.
- nome: Francesco/a De Sia
- abita a: Verona
- famiglia: padre: presidente di banca; madre: farmacista; un fratello: 20 anni, Dante; due sorelle: Eugenia e Bettina, 16 e 15 anni
- negli Stati Uniti da: settembre
- perché?: studiare informatica, praticare l'inglese

c **Un viaggio all'estero.** In gruppi di tre: Una persona del gruppo è uno studente/una studentessa che vuole passare l'estate all'estero. Le altre due sono i genitori, che non sono d'accordo con il figlio/la figlia.

> STUDENTE/STUDENTESSA: Dica dove vuole andare e spieghi ai genitori perché vuole fare questo viaggio, cosa vuole fare esattamente e i vantaggi del viaggio. Deve convincere i genitori a dare il loro permesso.
>
> GENITORI: Volete sapere tutti i particolari di questo viaggio, anche se non vi piace l'idea. Se quello che vi dice vostro figlio/vostra figlia non vi piace, dovete convincere il figlio/la figlia a rimanere a casa per l'estate.

d **Vi piace viaggiare?** Parli con altri tre studenti per sapere:

se viaggiano spesso o raramente	_____	_____	_____
dove preferiscono andare	_____	_____	_____
come preferiscono viaggiare	_____	_____	_____
con chi viaggiano	_____	_____	_____
se portano molti bagagli	_____	_____	_____
la destinazione dell'ultimo viaggio fatto	_____	_____	_____

e **La famiglia a Venezia.** In coppia: Ecco alcune fotografie che lei ha fatto durante un viaggio a Venezia con la sua famiglia. Racconti ad un compagno/una compagna alcune cose che sono successe durante il viaggio.

— Siamo arrivati a Venezia il...   — Mio fratello ha...
— I miei genitori hanno...   — Abbiamo dovuto...
— Abbiamo fatto un giro in...   — Il gondoliere ha...
— Mia sorella non ha voluto...   — Siamo stati a...

> ▶ **Non volere** in the **passato prossimo** often means *refused to.*

Conoscere l'Italia

a **Definizioni.** Abbini le definizioni con una parola della lista di destra. Ci sono due parole in più nella lista.

1. abitante di una città
2. persone che visitano città e paesi stranieri
3. aggettivo derivato da *mare*
4. una forma di governo
5. un animale feroce
6. un tipo di chiesa
7. sinonimo di *bar*
8. sinonimo di *ricco*
9. nome derivato da *bello*
10. disegno decorativo di vari colori

a. la repubblica
b. la bellezza
c. la basilica
d. splendido/a
e. marinaro/a
f. il mosaico
g. il cittadino
h. prospero/a
i. i turisti
j. il canale
k. il leone
l. il caffè

▶ Locate Venezia on the map of Italy on page 12.

Venezia

CD2, Track 5

Piazza San Marco, il salotto di Venezia, è sempre affollata da turisti italiani e stranieri.

Blaz Kure / Shutterstock

Venezia, una delle più belle e affascinanti città del mondo, è costruita su centodiciotto isole. In questa città non ci sono automobili, autobus o motorini. Le vie di Venezia sono i canali. Barche[1], motoscafi[2], vaporetti[3] e bellissime e romantiche gondole sono i mezzi[4] che portano la gente da una parte all'altra della città. A Venezia ci sono centocinquanta canali e quattrocento ponti[5]. I veneziani chiamano il canale "rio", la piazza "campo", una piccola piazza "campiello" e la via "calle". Il ponte più famoso è l'elegante Ponte del Rialto che attraversa il Canal Grande, il più largo[6] canale della città. C'è poi il Ponte dei Sospiri[7] che collega il Palazzo Ducale con il Palazzo delle Prigioni[8]. In questo palazzo è stato prigioniero Giacomo Casanova.

Chiamata "la Serenissima[9]", o la città di San Marco o del Leone alato[10], Venezia è stata una delle più prospere repubbliche marinare del Medioevo. Oggi questa città attrae molti turisti e visitatori italiani e stranieri che vengono a vedere le sue bellezze artistiche e a partecipare alle sue varie attività culturali. Il centro della vita veneziana è Piazza San Marco, uno splendido salotto[11] all'aria aperta, dove i cittadini e i turisti vanno a socializzare e ad ammirare la meravigliosa architettura della città. In questa piazza sono situati la basilica di San Marco con i suoi bei mosaici, il Campanile[12] e il Palazzo Ducale. In Piazza San Marco ci sono molti bei negozi e caffè. Qui c'è anche il famoso Caffè Florian, frequentato nel passato da artisti e scrittori stranieri.

▶ **Giacomo Casanova (1725–1798)** was a Venetian adventurer and libertine whose last name has become synonymous with "don Juan." (**Quel ragazzo è un vero casanova.**)

1. *Boats*
2. *motorboats*
3. *steamboats*
4. *means*
5. *bridges*
6. *wide*
7. *Sighs*
8. *Prisons*
9. *the most Serene*
10. *winged*
11. *living room*
12. *Belltower*

b **Vero o falso?** Indichi se le seguenti frasi sono vere o false secondo il brano precedente. Corregga le frasi false.

1. Le città italiane sono costruite sull'acqua.
2. A Venezia ci sono molte automobili.
3. La gondola è un tipo di barca usata a Venezia.
4. A Venezia ci sono molti ponti.
5. Le vie di Venezia si chiamano "campi".
6. Un nome di Venezia è "la Superba".
7. Una bella basilica veneziana è dedicata a San Marco.
8. Nel passato il Caffè Florian è stato frequentato da studenti.

© Leemage / Lebrecht Music & Arts

a **La parola giusta.** Prima di leggere il brano sul Veneto, completi le seguenti frasi con la parola appropriata fra quelle indicate tra parentesi.

1. Nel Veneto ci sono belle località (montagne / montane).
2. In questo territorio ci sono (industriale / pianure) e colline.
3. Dai vigneti veneti si producono (dei vini / un'agricoltura) speciali.
4. Ci sono (colline / raffinerie) di petrolio in questa zona.
5. I (prodotti / nomi) delle industrie locali sono esportati in tutto il mondo.
6. Le industrie (turisti / venete) danno ricchezza agli abitanti della regione.

CD2
Track 6

Una regione ricca

Il Veneto è una delle regioni più ricche d'Italia. Nella pianura[1] del Po domina l'agricoltura e sulle colline venete si producono vini famosi quali[2] il Valpolicella, il Soave e il Bardolino. Vicino a Venezia, sulla terra ferma[3], si trovano molte industrie chimiche e siderurgiche[4] e raffinerie di petrolio. Nelle aziende[5] venete si producono tessuti[6] e abbigliamento[7], calzature[8] e articoli in pelle[9]. Missoni e Benetton, due nomi molto conosciuti nel mondo della moda[10] internazionale, sono veneti. Nel Veneto sono fabbricati anche mobili[11] e occhiali di marca[12] venduti in tutto il mondo. Negli ultimi venti anni

Sabine Lubenow / Photolibrary

Verona: Interno dello splendido anfiteatro romano (I secolo d.C.).

| 1. *plain* | 2. *such as* | 3. *mainland* | 4. *ironworking* | 5. *business companies* | 6. *textiles* |
| 7. *clothing* | 8. *footwear* | 9. *leather* | 10. *fashion* | 11. *furniture* | 12. *brand-name eyeglasses* |

molte piccole aziende sono nate nel Veneto e i loro prodotti sono esportati in Paesi europei ed extraeuropei. Anche gli articoli dell'artigianato[13] veneto, come i vetri[14] di Murano e i merletti[15] di Burano, sono molto ricercati[16].

La regione veneta attrae molto turismo; ogni anno il Veneto riceve un gran numero di visitatori italiani e stranieri. Oltre a Venezia, anche Verona, Vicenza e Padova richiamano l'attenzione dei turisti. Gli eroi shakespeariani, Giulietta e Romeo, e l'Arena, il meraviglioso anfiteatro romano, sono le due maggiori attrazioni di Verona. I numerosi capolavori architettonici[17] di Andrea Palladio invece sono le attrazioni di Vicenza, chiamata anche la città palladiana. A Padova poi c'è il Santuario[18] di Sant'Antonio. In questa città si possono ammirare gli stupendi affreschi di Giotto e di Mantegna. Nel Veneto ci sono anche belle spiagge e montagne. Il Lido di Venezia è la spiaggia più elegante dell'Adriatico. Cortina d'Ampezzo, centro di villeggiatura invernale ed estiva[19] delle Dolomiti, è una delle più belle località montane d'Italia.

13. *craftsmanship*   14. *glassworks*   15. *laces*   16. *sought after*
17. *architectural masterpieces*   18. *Shrine*   19. *winter and summer*

▶ Locate Veneto on the map of Italy on page 12. **Con quali regioni confina il Veneto? Con quale paese straniero confina? Come si chiama il mare a sud-est del Veneto? Che cos'è il Po? Dov'è il Po, nel nord o nel sud del Veneto?**

▶ Locate Verona and Padova on the map of Italy on page 12.

▶ Murano and Burano are two small islands in the Venetian lagoon.

b **Informazioni.** Dia le seguenti informazioni basate sul brano precedente.

1. si produce sulle colline venete
2. importanti industrie e aziende venete
3. due personaggi veneti del mondo della moda
4. alcuni prodotti fabbricati nel Veneto
5. attrazioni di Verona
6. attrazioni di Vicenza
7. attrazioni di Padova
8. una spiaggia elegante del Veneto
9. un famoso e importante centro di villeggiatura delle montagne venete

▶ **Andrea Palladio (1508–1580)** was a Renaissance architect, greatly admired by Thomas Jefferson.
Sant'Antonio (1195–1231) was a Franciscan monk from Lisbon who died near Padova.
Giotto (1267–1337) was a painter whose frescoes can be admired also in Florence, Rome, and Assisi.
Andrea Mantegna (1431–1506) was a Renaissance painter.

▶ The **Dolomiti** are a characteristic group of Alpine mountains.

© Bojan Brecelj / Corbis

Un anziano artista del vetro all'opera nel suo laboratorio di Murano

Videoteca   *Ti prego, papà!*

Prima di guardare

a **Volere è potere.** Dia la forma corretta del presente dei verbi indicati.

Caterina, Sara e Massimo (volere) andare a Venezia per un'importante mostra d'arte. (Volere) andare in macchina e (potere) dormire a casa di un amico di Massimo. Il padre di Caterina dice che lei non (potere) andare a Venezia con gli amici perché tutta la famiglia (dovere) andare ad un matrimonio. Caterina dice che (dovere) andare a Venezia per fare una ricerca (*research*) per un corso di storia dell'arte, ma la verità è che (volere) andare lì perché c'è una grande festa a casa di questi amici di Massimo.

© Cengage Learning

Mentre guarda il video

b **Le frasi false.** Tutte le seguenti frasi sono false. Trovi un modo per correggerle.

1. Caterina ha fatto la torta di ciliege.
2. Sara si trova molto male con Caterina e Valeria.
3. Vanno a vedere una mostra del cinema a Firenze.
4. Pensano di stare in un albergo.
5. Partono tra quattro giorni.
6. Il padre di Caterina non si fida (*doesn't trust*) di lei.
7. Quel fine settimana la famiglia di Caterina deve andare ad un funerale.
8. Gli amici di Massimo hanno invitato tre persone alla festa.
9. Il padre vuole dire una bugia (*tell a lie*) a sua moglie.

© Cengage Learning

c **Interviste.** Completi il brano con parole ed espressioni dal video.

Signora Laura: La mia _____ è composta da quattro persone: io e le _____ tre _____.

Cristiano: La mia famiglia è _____ da me, Cristiano del Rossi, mia _____ Francesca e la _____ Caterina, che _____ _____ sei mesi fa.

Simona: La mia famiglia è composta dai miei _____ che sono _____ e entrambi sono risposati (*both remarried*). Mio padre e _____ _____ hanno un _____ che io considero mio _____, non _____.

Il paese dei figli unici

La famiglia in Italia è tradizionalmente un elemento importantissimo della società, ma per vari motivi economici e sociali, l'Italia ha uno dei tassi di natalità (*birth-rates*) più bassi del mondo. Il fenomeno della famiglia nucleare con un solo figlio, o **figlio unico**, diventa sempre più frequente, un fatto che preoccupa politici e cittadini perché ci sono sempre meno lavoratori per sostenere un crescente numero di pensionati (*to support an increasing number of retirees*).

Imagesource / Photolibrary

Dopo aver guardato

d **Descrizione.** Descriva la sua famiglia come nelle interviste.

La mia famiglia è composta di _____ persone:

e **Dialogo.** Il padre di Caterina accetta di parlare con sua moglie; vuole intercedere a favore di Caterina. Che cosa le dice?

Padre: _____

Madre: Che cosa hai detto? Non ho sentito bene! Caterina non viene al matrimonio con noi?

Padre: _____

Madre: Che cosa deve fare invece?

Padre: _____

Madre: E perché non può andare a Venezia un'altra volta?

Padre: _____

Madre: Ma, scusa, con chi viaggia?

Padre: _____

Madre: Massimo lo conosco, ma questa ragazza americana, chi la conosce? Veramente ti sembra una buona idea?

Padre: _____

Madre: Non lo so. Ho un'idea: perché non dici a Caterina che…

Padre: _____

lezione
9
Un anno all'estero

Una bella veduta della città di Bari.

CD2,
Track 7

Susanna Di Palma è una studentessa universitaria di Bari. Oggi, 25 gennaio 2011, manda un messaggio di posta elettronica al suo amico Roberto, un giovane di Milano.

1   Da: Susanna Di Palma
A: robertobiondi@vento.it°
Oggetto: Viva° l'Erasmus

Caro Roberto,

5   pensavo di scriverti prima, ma finora° sono stata molto occupata. Ti ricordi di quando l'estate scorsa mi consigliavi di andare a studiare un anno all'estero con il Programma Erasmus? Ebbene, grazie a° te e al tuo incoraggiamento, vado a trascorrere il prossimo anno accademico in Spagna e precisamente a Barcellona. Ieri mi ha telefonato il mio
10   professore per darmi la bella notizia.

Siccome° non sono mai stata in Spagna, sono contenta di poter fare questa esperienza. Ho in mente di fare un viaggio a Barcellona a giugno per conoscere un po' la città. C'è una nave che due volte alla settimana parte la sera da Civitavecchia e arriva a Barcellona il
15   pomeriggio del giorno seguente. Che ne dici di venire con me?

Tutti dicono che Barcellona è molto bella. È ricca di opere d'arte e di monumenti antichi e moderni, di attività sociali e culturali e i suoi abitanti sono veramente simpatici. Ci sono anche molti giovani stranieri che, come me, ogni anno vanno a studiare alle accademie e
20   all'università di questa città. Di solito lì fa bel tempo. C'è sempre il sole e d'inverno non fa molto freddo.

Tu come stai? Che tempo fa lì? Piove e c'è la nebbia come sempre? Ieri ricordavo i giorni passati con te in agosto sulle spiagge del Gargano e provavo molta nostalgia… A proposito non mi hai ancora
25   mandato le foto fatte alle Isole Tremiti°. Perché non le mandi come allegato in un tuo prossimo messaggio?

Per ora ti lascio e ti saluto con affetto. Un abbraccio.

Susanna

The @ symbol in e-mail addresses is called **chiocciola** in Italian. The dot is called **punto** / Long live

until now

Well, thanks to

Since

See page 230 (Conoscere l'Italia)

Domande

1. Chi è Susanna e di dov'è?
2. Perché manda un messaggio al suo amico Roberto?
3. Che cosa consigliava Roberto a Susanna l'estate scorsa?
4. Che cosa desidera fare Susanna a giugno? Perché?
5. Che cosa dicono tutti di Barcellona?
6. Che tempo fa di solito a Barcellona?
7. Che cosa ricordava ieri Susanna?

Domande personali

1. Lei manda messaggi di posta elettronica? A chi?
2. Qual è il suo indirizzo elettronico?
3. Riceve spesso messaggi? Da chi?
4. Lei scrive in italiano qualche volta? Cosa scrive?
5. Conosce una città antica e bella? Quale?
6. Oggi fa bel tempo o cattivo tempo?
7. A volte lei prova nostalgia? Di chi o di che cosa?

Situazioni

1. Domandi ad un amico/un'amica che tempo fa nella sua città in ogni stagione dell'anno.

    >> — Che tempo fa nella tua città in primavera (d'estate / in autunno / d'inverno)?
    — Fa fresco (freddo / cattivo tempo / caldo / bel tempo).

2. Domandi ad un amico/un'amica che cosa pensava di fare ieri sera.

    >> — Che cosa pensavi di fare ieri sera?
    — Pensavo di fare una passeggiata nel parco (fare due passi con gli amici / fare quattro salti in discoteca / prendere un gelato con te), ma dovevo studiare.

Pratica

1. Lei frequenta un corso estivo all'università. Scriva ad un amico italiano/ un'amica italiana e parli di queste cose nel suo messaggio:

- come sta
- che cosa studia
- che tempo fa
- quello che fa di bello
- di che cosa o di chi prova nostalgia
- se ha conosciuto qualche persona interessante

2. Lei è in vacanza. Scriva una cartolina (*postcard*) ad un amico italiano/ un'amica italiana. Dica da quanto tempo è lì e racconti (*tell*) quello che ha visto e ha fatto finora.

Studiare all'estero

Per conoscere un altro paese e imparare bene una lingua straniera, non c'è niente di meglio del contatto diretto con la gente del luogo dove si parla la lingua. Oggi per i giovani italiani è più facile fare un'esperienza all'estero grazie a una serie di programmi di sostegno[1] istituiti dall'Unione europea. Questi programmi permettono a tutti i giovani europei di studiare, ricevere una formazione[2] o fare ricerca[3] in un altro stato dell'Unione di loro scelta[4]. Sotto l'ombrello del programma Socrates, istituito per sviluppare l'istruzione europea, si trova l'Erasmus che prevede lo scambio[5] di studenti universitari fra i vari stati dell'Unione. Gli studenti ammessi all'Erasmus ricevono una borsa di studio[6] che permette di vivere e studiare all'estero.

Ma in Italia esistono anche accademie, istituti e università che organizzano corsi di lingua, arte e cultura per tutti gli stranieri. Ogni anno giovani da tutte le parti del mondo arrivano in Italia per imparare l'italiano e conoscere il Paese. Mentre trascorrono un soggiorno piacevole in Italia, essi imparano ad apprezzare i costumi[7] e la vita sociale degli italiani.

- Lei conosce qualcuno che ha studiato all'estero? Le piacerebbe studiare un giorno in una scuola di un paese straniero?

Studenti universitari a lezione in un'aula molto affollata.

1. *support*   2. *training*   3. *research*   4. *choice*   5. *exchange*   6. *scholarship*   7. *appreciate the customs*

UNIVERSITA' PER STRANIERI PERUGIA

CERTIFICAZIONE DI CONOSCENZA DELLA LINGUA ITALIANA

ALTE

Alliance Française
Generalitat de Catalunya
Goethe Institut
Instituto Cervantes
University of Cambridge Local Examinations Syndicate (UCLES)
Università per Stranieri di Perugia
Universidade de Lisboa
National Institute for Educational Measurement (CITO)
Danish Consortium

By permission of Università per Stranieri di Perugia

> Perugia and Siena each have an **Università per Stranieri**. Both universities attract a large number of foreign students who come from all over the world to study the language and culture of Italy.

> Look up the webpage of the **Università per Stranieri di Perugia** at www.unistrapg.it and find a language course appropriate for you. Look for the university's e-mail address and ask for further information if necessary.

🔊 Vocabolario

Parole analoghe

l'accademia
accademico/a
culturale
elettronico/a
la foto(grafia)
l'incoraggiamento
il messaggio
il monumento
occupato/a
precisamente
sociale
la Spagna

Nomi

l'abbraccio   hug
l'affetto   affection
l'allegato   attachment
il/la giovane   young person
l'indirizzo   address
la nave   ship
la nebbia   fog
la notizia   news
la posta   mail
il tempo   weather

Aggettivi

antico/a   old, ancient
contento/a   glad
straniero/a   foreign

Verbi

consigliare   to advise
lasciare   to leave (behind)
provare   to feel; to experience
salutare   to greet
trascorrere (p.p. trascorso)   to
   spend (time)

Altre parole ed espressioni

piove   it rains, it is raining
prima   before
tutti   everybody
a proposito   by the way
avere in mente   to intend; to have
   in mind
c'è il sole   it's sunny
Che tempo fa lì?   What's the
   weather like there?
come sempre   as usual
due volte   twice
fa bel tempo   it's nice weather
fa caldo   it's hot
fa cattivo tempo   it's bad weather
fa freddo   it's cold
fa fresco   it's cool
l'indirizzo elettronico   e-mail
   address
l'opera d'arte   work of art
pensare di (+ infinitive)   to plan to
   (do something)
la posta elettronica   e-mail
provare nostalgia (di)   to be
   homesick

▶ Like **la moto, la foto** is a feminine noun. It is a shortened form of **fotografia**.

▶ **ph = f** in many Italian words: **fotografia, filosofia, Filadelfia,** etc.

🔊 Pronuncia

🔊
CD2,
Tracks
8–9

I suoni della /g/

The letter **g** (or **gg**) is pronounced hard /g/, as in **gatto**, before the letters **a, o,** and **u.** The combination **gh** is always pronounced hard. Before **e** and **i, g** (or **gg**) is pronounced soft /ǧ/, as in **gennaio.**

a | Ascolti e ripeta le seguenti parole.

grazie	luo**ghi**	le**gge**	**gi**orno
dialogo	pa**ghi**	via**gg**iare	orolo**gi**o
gatto	alber**ghi**	o**gg**i	ori**gi**nale
lingue	botte**ghe**	forma**gg**io	re**gi**one

b | **Proverbio.** Ascolti e ripeta il seguente proverbio.

Gambe mie, non c'è vergogna di fuggire quando bisogna.

Fear lends wings. (Literally: Legs of mine, there's no shame in fleeing when necessary.)

Ampliamento del vocabolario

Che tempo fa?

È il primo maggio. Fa bel tempo. C'è il sole ed è sereno.	È il sette gennaio. Fa freddo. Nevica e tira molto vento.	È il quindici agosto. Fa caldo. È molto umido.	È il dieci ottobre. Fa fresco ed è nuvoloso.

Espressioni utili

Che tempo fa? What's the weather like?

Fa bel tempo. It's nice weather.

Fa caldo. It's hot.

Fa cattivo tempo. It's terrible weather.

Fa freddo. It's cold.

Fa fresco. It's cool.

Fa molto caldo (freddo, fresco). It's very hot (cold, cool).

Nevica. It's snowing.

Piove. It's raining.

Tira (molto) vento. It's (very) windy.

C'è la nebbia. It's foggy.

C'è il sole. It's sunny.

È afoso. C'è afa. It's sultry (muggy).

È nuvoloso. It's cloudy.

È sereno. It's clear.

> **la neve** = *snow*

> **la pioggia** = *rain*

a **Il clima.** In coppia: Un giovane italiano/Una giovane italiana che desidera visitare la sua città vuole sapere com'è il clima (*climate*) lì. Gli/Le spieghi com'è.

1. Che tempo fa ad agosto nella tua città?
2. In quali mesi fa molto freddo?
3. Nevica spesso d'inverno?
4. Com'è l'estate nella tua città?
5. Tira vento qualche volta?
6. In quali mesi c'è la nebbia?
7. In quali mesi piove di più?

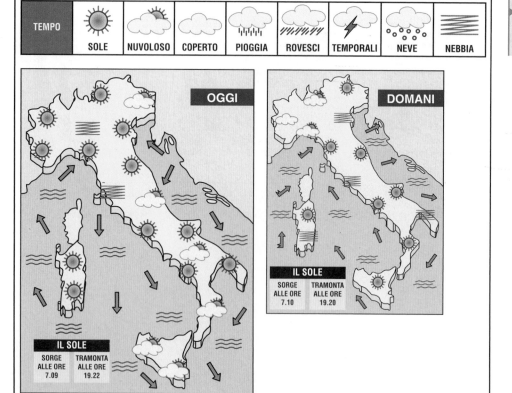

> **coperto** = *overcast*
> **rovesci** = *showers*
> **temporali** = *storms*

b **Previsioni del tempo.** In coppia: Domani il suo compagno/la sua compagna di camera va a fare una gita e vuole sapere le previsioni del tempo. Gli/Le dica come sarà il tempo nei prossimi tre giorni.

>> — Sai che tempo fa domani?
— Sì, domani...

▶ Look up the names of five or six regions on the map of Italy on page 12. Then describe the weather in each, according to the weather map, on page 216.

c **Domande.** In coppia: Domandi ad un altro studente/un'altra studentessa che cosa fa in condizioni di tempo diverse.

>> — Cosa fai quando (fa bel tempo)?
— Quando fa bel tempo...
— E quando (piove)?

Alcune espressioni di tempo con *ogni, volta, di, tutti/e*

▶ To remember these expressions, name things you do **una volta al giorno, di rado, ogni estate, tutte le sere, ogni sabato,** etc.

Ogni

ogni anno (mese, settimana, giorno)   each year (month, week, day)

ogni estate (autunno, inverno, primavera)   each summer (fall, winter, spring)

ogni lunedì (martedì, ecc.)   each Monday (Tuesday, etc.)

ogni tanto   once in a while

Volta

a volte   at times, sometimes

una volta (due volte) al giorno (alla settimana, al mese, all'anno)   once (twice) a day (a week, a month, a year)

qualche volta   sometimes

Di

di quando in quando   from time to time

di rado   seldom

di solito   usually

di tanto in tanto   every now and then

Tutti/Tutte

tutti i giorni (i mesi)   every day (month)

tutte le sere (le settimane)   every evening (week)

d **Espressioni di tempo.** In coppia: Risponda brevemente alle domande che le fa un altro studente/ un'altra studentessa. Nelle risposte, usi un'espressione di tempo appropriata come **volta, di, ogni** o **tutti/e.**

>> fare la spesa — Fai la spesa?
— Sì, ogni settimana. / No, non la faccio mai.

1. studiare in biblioteca
2. alzarsi presto la domenica
3. andare allo stadio con i tuoi amici
4. telefonare ai tuoi genitori
5. guardare la televisione
6. ascoltare la musica
7. leggere il giornale
8. fare gite con gli amici
9. sciare

Julia Pivovarova / Shutterstock

Tre ragazzi si divertono con le loro snowboard sulla neve.

Struttura ed uso

Imperfetto

Quando **ero** bambina, **abitavo** in una bella casa ed **avevo** un gatto e un cane.

1. The imperfect is a past tense used to talk about things that used to happen or that were going on over a period of time in the past. The following chart shows the imperfect forms of regular verbs in **-are**, **-ere**, and **-ire**.

	provare	scrivere	sentire
io	provavo	scrivevo	sentivo
tu	provavi	scrivevi	sentivi
lui/lei	provava	scriveva	sentiva
noi	provavamo	scrivevamo	sentivamo
voi	provavate	scrivevate	sentivate
loro	provavano	scrivevano	sentivano

2. The verbs **essere, bere, dire,** and **fare** are irregular in the imperfect.

essere	bere	dire	fare
ero	bevevo	dicevo	facevo
eri	bevevi	dicevi	facevi
era	beveva	diceva	faceva
eravamo	bevevamo	dicevamo	facevamo
eravate	bevevate	dicevate	facevate
erano	bevevano	dicevano	facevano

> Note that **essere** is really the only verb that is irregular in the imperfect. **Bere, dire,** and **fare** use irregular stems that you have already seen.

3. The imperfect is used to describe:

a. the way things or people were.

Lisa **era** una bella bambina.
Non **aveva** problemi a scuola.
Aveva i capelli lunghi.

Lisa was a beautiful child.
She had no problems at school.
She had long hair.

b. habitual actions in the past.

Andavamo ogni anno al mare.
Facevamo passeggiate con la
   mamma mentre il papà **si**
   addormentava sulla spiaggia.
A volte **venivano** anche i nostri
   cugini.
Ci divertivamo molto insieme.

We used to go to the shore every year.
We would take walks with Mom
   while Dad would fall asleep
   on the beach.
Sometimes our cousins would
   come as well.
We used to have a lot of fun together.

c. actions in progress in the past when something else happened or while something else was happening.

Dormivamo quando è entrato.
Pensavo al nostro viaggio
   quando mi hai chiamato.
Susanna **leggeva** mentre Roberto
   faceva fotografie.

We were sleeping when he came in.
I was thinking about our trip
   when you called me.
Susanna was reading while Roberto
   was taking pictures.

> Reflexive pronouns precede reflexive verbs conjugated in the imperfect.

d. weather, time of day, age, health, and mental and psychological states in the past.

Faceva cattivo tempo ieri e non
   siamo usciti.
Erano le otto e mezzo quando è
   tornata a casa.
Avevo diciannove anni quando
   sono andata a Barcellona.
Si sentiva male ieri sera.
I genitori **si preoccupavano**
   per i loro bambini.

The weather was bad yesterday
   and we didn't go out.
It was eight-thirty when she
   came home.
I was nineteen years old when I
   went to Barcelona.
He felt sick last night.
The parents were worried about
   their children.

a Descrizione. La nonna descrive com'era la vita quando lei era giovane. Faccia la parte della nonna, sostituendo il soggetto delle frasi con i nuovi soggetti indicati tra parentesi.

1. Ai miei tempi, i treni arrivavano in orario. (la posta / gli studenti)
2. La gente aveva pochi soldi. (noi / la mia famiglia / io)
3. I generi alimentari non costavano tanto. (l'università / le case / le macchine)
4. I politici non dicevano bugie (*lies*). (il governo / noi bambini / io)
5. Le donne stavano in casa. (mia madre / i ragazzi piccoli)
6. La vita era più semplice allora. (le cose / l'amore)

b Domande. In coppia: Domandi ad un compagno/una compagna dov'era e cosa faceva ieri nelle ore indicate.

>> alle 8.45 di sera   S1: Dov'eri e cosa facevi alle nove meno un quarto ieri sera?
                        S2: Ero nella camera di un amico. Guardavamo un film stupido.

1. alle 6.50 di mattina   4. alle 4.06 del pomeriggio
2. alle 9.00 di mattina   5. alle 11.10 di sera
3. a mezzogiorno in punto   6. a mezzanotte

c Che cosa facevi? In coppia: Chieda ad un altro studente/un'altra studentessa se faceva le seguenti cose quando aveva tredici anni.

>> amare la scuola   S1: Quando avevi tredici anni, amavi la scuola?
                      S2: Sì, amavo la scuola. / No, non l'amavo.

1. frequentare il liceo
2. dovere pulire la tua camera
3. avere un amico preferito/un'amica preferita
4. discutere con i tuoi genitori
5. mangiare volentieri le verdure
6. praticare uno sport
7. uscire con i ragazzi/le ragazze
8. ubbidire sempre ai genitori

d Intervista. Intervisti un altro studente/un'altra studentessa per sapere com'era e cosa preferiva fare quando aveva sei anni. Prenda appunti e poi riferisca le informazioni alla classe. Lei vuole sapere:

● se era timido/a o disinvolto/a; pigro/a o dinamico/a; gentile o sgarbato/a, ecc.
● se aveva molti o pochi amici e come si chiamavano
● se gli/le piaceva la scuola e quale materia preferiva
● quali trasmissioni televisive guardava
● come si divertiva e se aveva un giocattolo (*toy*) preferito

>> — Com'eri quando avevi sei anni? Eri timida?
   — No, non ero timida. Non avevo paura di niente…

e **Descrizioni.** In coppia: Susan è andata a Perugia per un corso intensivo all'Università per Stranieri. È arrivata a Perugia due settimane prima dell'inizio delle lezioni e ogni giorno faceva le stesse cose. Guardate i disegni in basso e a turno dite che cosa faceva Susan durante la sua prima settimana a Perugia.

f **Ricordi.** Ricorda la sua prima settimana all'università (al liceo)? Com'era? Descriva ad un amico/un'amica questa prima settimana. Gli dica:

- quanti anni aveva
- dove abitava
- che tempo faceva
- se conosceva altri studenti
- cosa faceva nel tempo libero
- se era contento/a e perché
- se aveva paura e di che cosa
- se provava nostalgia per la famiglia

Espressioni negative

Non dirlo a **nessuno, neanche** al tuo ragazzo!

Non dirlo a **nessuno, nemmeno** a tua sorella!

1. The following chart shows some commonly used negative expressions in Italian. You have already learned some of them.

non... affatto not at all	**Non** mi piace **affatto** questa città.	
non... mai never	**Non** parliamo **mai** inglese in classe.	
non... niente (nulla) nothing	**Non** capisco **niente**.	
non... nessuno nobody	**Non** conosco **nessuno** qui a Bari.	
non... { **neanche** **nemmeno** not even **neppure**	**Non** c'è stata **nemmeno** (neanche, neppure) una giornata di sole.	
non... più not any more	**Non** provo **più** nostalgia del mio paese.	
non... ancora not yet	**Non** ho **ancora** ricevuto le fotografie.	
non... né... né neither . . . nor	**Non** fa **né** caldo **né** freddo qui.	

2. Non + *verb* + *second negative* is the usual construction for a negative expression.

Non hai capito **nulla**!   *You didn't understand anything!*
Non arrivi **mai** in orario.   *You never arrive on time.*

3. Niente or **nessuno** can precede the verb. When they do, **non** is omitted.

Niente è impossibile.   *Nothing is impossible.*
Nessuno vuole venire.   *Nobody wants to come.*

Grande bellesa.

g Cambiamenti. Le cose possono cambiare molto nel corso di un anno. Il seguente brano parla di come andavano una volta le cose per Daniele e di come gli vanno adesso. Legga il brano, dando le espressioni negative appropriate.

Quest'anno le cose vanno bene per Daniele, ma l'anno scorso non andavano _affatto_ bene. Recentemente ha trovato un lavoro, ma l'anno scorso non lavorava _mai_. Adesso esce sempre, ma prima non usciva _mai [affatto]_. Adesso ha un televisore e un registratore DVD, ma l'anno scorso non aveva _neanche_ il televisore _nè_ il registratore DVD. Adesso si compra anche vestiti alla moda, ma l'anno scorso non si comprava _niente_. Adesso tutti lo chiamano, ma l'anno scorso _nessuno_ lo chiamava. Prima aveva molti problemi e preoccupazioni, ma quest'anno non ha _nè_ problemi _nè_ preoccupazioni. Prima era sempre sfortunato (*unlucky*), ma adesso non è _mai [più]_ sfortunato.

h Un messaggio. Lei ha ricevuto la seguente e-mail da una sua amica che studia questo semestre a Siena. Quest'amica le fa molte domande su come vanno le cose all'università. Risponda al messaggio con un'espressione negativa per ogni domanda.

Caro/a —

come stai? Qui in Italia sto tanto bene, ma penso spesso alla nostra università. Qui piove quasi ogni giorno. Fa ancora bel tempo lì? Ma dimmi, cosa fai per le vacanze di Natale? Vedi spesso i nostri amici? Hai già trovato un lavoro per l'anno prossimo? Studi ancora filosofia? Vai spesso alle feste? E con chi esci, con Monica o con Daria? Hai ricevuto le foto e le cartoline che ti ho mandato? Quante partite ha vinto la nostra squadra (*team*) di hockey? E quando puoi venire in Italia?

Ci sentiamo,
Melissa

i Lo fai ancora? In coppia: Chieda ad un altro studente/un'altra studentessa se lei fa ancora queste cose o se non le fa più.

>> vivere con i suoi genitori
>> S1: Vivi con i tuoi genitori?
   S2: No, non vivo più con i miei genitori. / Sì, vivo ancora con i miei genitori.

1. andare in vacanza con la famiglia?
2. guardare i cartoni animati (*cartoons*)?
3. dormire con l'orsacchiotto (*teddy bear*)?
4. vedere gli amici della scuola elementare?
5. frequentare ancora il liceo?
6. avere ancora paura del buio (*dark*)?
7. credere a Babbo Natale (*Santa Claus*)?

j **Vero o falso?** In coppia: Decidete se le seguenti frasi descrivono accuratamente la vostra classe d'italiano. Se una frase non è vera, cambiatela.

>> Parlate sempre inglese durante la lezione.
Sì, parliamo sempre inglese durante la lezione. / No, non parliamo sempre inglese durante la lezione. / No, non parliamo mai inglese durante la lezione.

1. Tutti hanno paura di parlare durante la lezione.
2. Gli studenti trovano molto facile la grammatica.
3. Finite sempre tutti gli esercizi della lezione.
4. Ascoltate canzoni e poesie durante la lezione.
5. Avete visto film italiani durante la lezione.
6. Avete finito la lezione undici.
7. Avete carte geografiche e poster turistici nell'aula (*classroom*).
8. C'è uno studente che parla perfettamente l'italiano.

k **Intervista.** In coppia: Intervisti un altro studente/un'altra studentessa per sapere:

- due cose che non fa mai
- due cose che una volta faceva ma che non fa più
- due cose che non ha mai fatto ma che vuole fare

Una ragazza osserva dal treno un bel panorama di montagna.

Pronomi personali di forma tonica

— Vuoi ballare con **me?**
— No, preferisco ballare
  con **lui.**

1. Disjunctive or stressed pronouns are used as objects of prepositions.
They are also used instead of direct-object pronouns for emphasis
or clarity.

— È per **me** la telefonata?
— No, non è per **te;** è per **me.**

— Vuoi uscire con **noi?**
— No, mi dispiace. Arriva una mia amica e devo parlare con **lei.**

— Mi hai visto ieri con Claudio?
— No, ho visto **lui,** ma non ho visto **te.**

2. The following chart shows the disjunctive pronouns with the preposition
con.

singolare		plurale	
con **me**	with me	con **noi**	with us
con **te**	with you	con **voi**	with you
con **lui**	with him	con **loro**	with them, with you
con **lei**	with her, with you (formal)		(formal)

Notice that except for **me** and
te, the disjunctive pronouns are
identical to subject pronouns.

3. Da + *disjunctive pronoun* can mean *on one's own* or *by oneself.*

Devo fare tutto **da me.**	*I have to do everything by myself.*
Fa' i compiti **da te.**	*Do the homework on your own.*

The disjunctive pronoun **sé** is used instead of **lui/lei** and **loro** to mean *himself/herself/themselves* and the formal *yourself.*

Il bambino si veste **da sé.**	*The child gets dressed on his own.*
Signorina Luzzi, faccia l'esercizio **da sé.**	*Miss Luzzi, do the exercise yourself.*

l **È vero?** Risponda alle domande con pronomi di forma tonica.

>> È vero che abiti vicino al professore?   Sì, abito vicino a lui.

1. È vero che vieni con noi?
2. È vero che hai ricevuto un regalo dal tuo ragazzo?
3. È vero che vai in montagna con i tuoi genitori?
4. È vero che pensavi a me?
5. È vero che lavori con mia zia?
6. È vero che non ci sono altri studenti come te?
7. È vero che arrivi prima dei tuoi compagni?
8. È vero che hai comprato qualcosa per me?

m **Descrizioni.** I ragazzi della scuola elementare Maria Montessori sono tutti molto indipendenti. Un alunno descrive cosa facevano i compagni la settimana scorsa. Faccia la parte dell'alunno e dica che i ragazzi facevano le varie attività da sé.

>> Carlo: studiare la matematica   Carlo studiava la matematica da sé.

1. Angelina: pulire la lavagna
2. Gilda e Susi: imparare l'inglese
3. io: fare i disegni
4. i bambini: preparare da mangiare
5. Tonino: usare il computer
6. tu: giocare con i videogiochi
7. noi: fare tutto

> Italian educator and psychiatrist **Maria Montessori (1870–1952)** developed a method of preschool and elementary education that stresses physical freedom and individual initiative.

n **Domande.** In coppia: Domandi al compagno/alla compagna se conosce queste persone. Il compagno/La compagna risponde con pronomi tonici.

>> Andrea Bocelli / Sophia Loren
   S1: Conosci Andrea Bocelli e Sophia Loren?
   S2: Conosco loro / lui ma non lei / lei ma non lui. / Non conosco né lui né lei.

1. Cecilia Bartoli / Jovanotti
2. Nanni Moretti / Lina Wertmuller
3. Celine Dion / i Cavalieri della Notte
4. Roberto Benigni / Nicoletta Braschi
5. Miuccia Prada / Giorgio Armani
6. Ellen DeGeneres / Pippo Baudo

> **Nanni Moretti** and **Lina Wertmuller** are both renowned film directors. The actor and director **Roberto Benigni** often costars with his wife, **Nicoletta Braschi. Pippo Baudo** is a long-popular TV host. **Jovanotti** is a popular singer.

> **iLrn** Complete the diagnostic tests to check your knowledge of the vocabulary and grammar structures presented in this chapter.

Parliamo un po'

a **Roma oggi e ieri.** In gruppi di tre o quattro: Immaginate la vita degli antichi romani. Che cosa mangiavano? Che cosa bevevano? Come si divertivano? Quale lingua parlavano? Che altro facevano?

See also the photo of the *Colosseo* in **Lezione 1**.

Pompei: Turisti visitano le rovine.

Pompei: Mosaici e pitture in un'antica villa romana.

b **Dove hai conosciuto il tuo/la tua partner?** In gruppi di tre: Discutete i tre luoghi o modi migliori (*best*) e peggiori (*worst*) per incontrare un/una compagno/a. Poi comparate i vostri risultati con quelli di altri gruppi. Qual è il luogo più popolare dove si possono conoscere altre persone?

c **L'Università per Stranieri.** In coppia: A Perugia e a Siena ci sono università statali per studenti non italiani che desiderano imparare o perfezionare il loro italiano. Guardate le seguenti informazioni e programmate un periodo di studio a Perugia. Poi riferite i vostri programmi alla classe. Potete parlare:

- del corso che volete seguire
- perché avete scelto questo corso particolare
- in quale stagione potete fare il corso
- quando volete dare l'esame CELI
- a quale livello pensate di dare l'esame

d **Un messaggio elettronico da Perugia.** Da quattro settimane lei è a Perugia, dove segue un corso intensivo di lingua e cultura italiana in preparazione per l'esame CELI 3. Scriva un'e-mail ad un amico/ un'amica della sua classe per descrivere come va il programma, che cosa studia, se le piace la città e alcune cose che ha fatto finora. Quando ha finito di scrivere il messaggio, lo dia ad un'altra persona nella classe, che risponde al suo messaggio con un'altra e-mail.

e **La previsione meteorologica.** In gruppi di due o tre: Voi lavorate per la radio della vostra università e dovete preparare una previsione del tempo per oggi e i prossimi due giorni nella vostra città o regione. Spiegate le condizioni meteorologiche attuali e che tempo fa domani e dopodomani. Potete anche dare qualche consiglio utile.

>> Stasera fa fresco con una temperatura massima di… con la possibilità di…
Allora non dimenticate di…
Domani invece…
È una buona occasione per…

BENVENUTI all'UNIVERSITÀ PER STRANIERI DI PERUGIA!

L'Università per Stranieri di Perugia è la più antica e prestigiosa istituzione italiana nell'attività di ricerca e insegnamento dell'italiano L2, rilascia certificati linguistici dal 1987 ed è stata la prima istituzione italiana a certificare la conoscenza dell'italiano L2.

Gli esami di certificazione dell'italiano generale CELI dell'Università per Stranieri di Perugia valutano l'abilità dei candidati nell'**italiano generale**, vale a dire l'italiano in uso non solo nell'interazione sociale, ma anche in ambienti di studio e/o di lavoro.
Gli esami CELI prevedono cinque livelli progressivi: dall'elementare all'avanzato, dove per avanzato si intende il parlante eccellente del CELI 5.

Il Ministero dell'Istruzione, dell'Università e della Ricerca ha riconosciuto il CELI 3 come titolo valido per attestare la conoscenza della lingua necessaria per iscriversi all'università in Italia e il CELI 5 come titolo valido per attestare la conoscenza della lingua italiana necessaria per insegnare nelle scuole ed istituti statali.

Gli esami CELI si svolgono due volte all'anno: a **giugno** e a **novembre**.

Corsi di Laurea (di 1° livello – 180 crediti formativi)

Comunicazione Internazionale
Promozione della Lingua e della Cultura Italiana nel mondo
Lingua e Cultura Italiana (L2)

Master

Master in Didattica dell'Italiano lingua non materna (Corso di prova)

Corsi di perfezionamento e aggiornamento

Corsi di aggiornamento per insegnanti di italiano all'estero
Corso di lingua italiana contemporanea
Corso di storia dell'arte

Vocabolario utile:

la ricerca (*investigation*), rilasciare (*to issue*), valutare (*to evaluate*), corso di aggiornamento (*refresher course*)

If you are interested in this program, see its website at http://www.unistrapg.it/.

Conoscere l'Italia

a **Definizioni.** Prima di leggere il seguente brano, abbini le definizioni con una parola della lista a destra. Ci sono due parole in più nella lista.

1. che cosa è l'Italia
2. che cosa sembra la forma dell'Italia
3. il contrario di *moderno*
4. aggettivo per un terreno in pianura
5. è determinato dal tempo che fa
6. una stagione dell'anno
7. è un insieme di isole
8. è circondata dal mare
9. è un territorio molto alto
10. parte di terra che va verso il mare

a. l'estate
b. la montagna
c. il clima
d. la posizione
e. l'arcipelago
f. l'isola
g. una penisola
h. il promontorio
i. antico
j. il villaggio
k. pianeggiante
l. uno stivale

La Puglia

CD2, Track 10

Nella configurazione della penisola italiana, la Puglia occupa una posizione particolare: quella che va dallo sperone[1] (il Gargano) al tallone[2] dello stivale. Il territorio di questa regione è prevalentemente pianeggiante[3] e permette la coltivazione della vite[4], dell'olivo e dei cereali. Un'altra attività importante del luogo è la pastorizia[5]. Grazie al suo clima mite e ai suoi pascoli[6], fin dai tempi antichi la Puglia era la meta della transumanza[7] dei pastori[8] d'Abruzzo. Alla fine di ogni estate, questi lasciavano le loro montagne e portavano le loro greggi di pecore[9] a pascolare[10] nei ricchi campi[11] della pianura pugliese, chiamata il Tavoliere della Puglia. La posizione strategica di questa regione sul Mediterraneo fu un'attrazione prima per gli antichi greci e poi per i romani che la colonizzarono. Diventò di nuovo importante nel Medioevo perché dai porti di questa regione partirono le prime crociate verso la Terra Santa.

Valeria73 / Shutterstock

Una veduta dei trulli di Alberobello, pittoresco paese della Puglia

▶ Locate La Puglia on the map on page 12, and then locate the promontorio del Gargano and the isole Tremiti.

▶ **Medioevo** = *Middle Ages*. Historical period from 476, year of the fall of the Roman Empire, to 1492.

▶ **Terra Santa** = *Holy Land*: places in Palestine where Jesus Christ lived.

▶ **crociate** = *crusades*: military expeditions carried out in the Middle Ages by European Christians in order to conquer the Holy Land.

1. *spur*   2. *heel*   3. *flat*   4. *vines*   5. *sheep-raising*
6. *pastures*   7. *transhumance (movement to other pastures)*
8. *shepherds*   9. *flocks of sheep*   10. *to graze*   11. *fields*

© John Heseltine/CORBIS

Un'incantevole spiaggia del promontorio del Gargano nella Puglia

Oggi la Puglia attrae molti turisti. D'estate molta gente va a trascorrere le vacanze nei villaggi turistici sulle coste del Gargano. Da qui partono i battelli[12] per le pittoresche Isole Tremiti, piccolissimo arcipelago nell'Adriatico al largo del promontorio del Gargano. Un'altra attrazione di questa regione è l'ottagonale Castel del Monte fatto costruire nel 1240 dall'imperatore Federico II di Svevia al ritorno dalla crociata. Di particolare interesse poi è la terra dei "trulli", abitazioni tipiche di alcuni paesi pugliesi. Oltre a Fasano, Ostuni e Martina Franca, c'è Alberobello dove si trova un intero quartiere[13] di queste case caratteristiche, alcune delle quali sono aperte al pubblico.

12. *boats*   13. *neighborhood*

▶ **Castel del Monte:** gothic-style castle in the province of Bari.

▶ **Svevia** = *Swabia*: name given by the Romans to a historic region in southwestern Germany.

▶ Because both Castel del Monte and the "trulli" of Alberobello deserve special protection due to their importance, in 1996, UNESCO declared them World Heritage Sites.

b **Informazioni.** Dia le seguenti informazioni basate sul brano precedente.

1. la posizione della Puglia
2. caratteristica del terreno pugliese
3. coltivazioni della Puglia
4. lo è il clima della Puglia
5. perché, in tempi antichi, i pastori d'Abruzzo venivano nella Puglia
6. popoli che colonizzarono la Puglia
7. attrazioni turistiche della Puglia
8. quando e chi ha fatto costruire il Castel del Monte
9. nome di abitazioni peculiari di alcuni paesi della Puglia

a **Alla ricerca di vocaboli.** Legga il brano che segue e cerchi i seguenti vocaboli.

1. aggettivi derivati da *economia, agricoltura, industria* e *commercio*
2. un sinonimo di *nazione*
3. un sinonimo di *capitale*
4. parte di mare protetta dove le navi possono fermarsi
5. una forma geometrica

Bari, Brindisi e Taranto

CD2,
Track 11

Bari, Brindisi e Taranto sono tre città di mare della Puglia e le loro attività economiche sono legate al porto di ciascuna[1] di esse. Il porto di Bari, sull'Adriatico, è ben collegato[2] con la Grecia e con i paesi balcani. Capoluogo della regione, Bari è anche un centro agricolo e industriale. Ogni anno a settembre ha luogo in questa città la Fiera di Levante[3]. Con la presentazione di molti prodotti agricoli e industriali, questa fiera favorisce gli scambi commerciali con i paesi del Mediterraneo. Brindisi, sull'Adriatico, e Taranto, nell'omonimo[4] golfo sul mar Ionio, sono importanti porti militari. Anche da Brindisi, come da Bari, ci sono collegamenti giornalieri[5] con la Grecia. Oggi tutte e tre queste città formano il triangolo di sviluppo[6] industriale del Mezzogiorno[7] grazie alle varie industrie chimiche, petrolifere, siderurgiche[8], tessili e alimentari della zona.

Veduta parziale del porto di Taranto

Cubolmages srl / Alamy

1. *each one*
2. *connected*
3. *Fair of the East*
4. *homonymous (same name)*
5. *daily connections*
6. *development*
7. *South*
8. *steel*

b **Informazioni.** Dia le seguenti informazioni basate sul brano precedente.

1. il nome del mare che circonda la penisola italiana
2. lo è Bari
3. quello che hanno in comune Bari, Brindisi e Taranto
4. hanno collegamenti giornalieri con la Grecia
5. il mare sul quale è situata la città di Taranto
6. l'importanza della Fiera di Levante
7. le attività presenti nel triangolo industriale del Mezzogiorno

Videoteca
all'estero
Studiare

Prima di guardare

a **Imperfetto o passato prossimo?** Indichi se le seguenti frasi sono nell'imperfetto o nel passato prossimo.

© Cengage Learning

1. Non eri a lezione la settimana scorsa.
2. Sono andato a fare una gita in bicicletta.
3. Era bellissima con tantissimi ulivi e la terra rossa come il fuoco (*earth as red as fire*).
4. Faceva molto caldo durante il giorno.
5. Mi sono divertito da morire (*I had a blast*).
6. A volte non capivo le persone quando parlavano il dialetto.
7. Quasi volevo tornare negli Stati Uniti.
8. A volte ho anche pianto (piangere: *to cry*).

Mentre guarda il video

b **Di chi si parla?** A chi si riferiscono le seguenti frasi: a Sara, a Caterina o a Sean?

1. È uno studente irlandese, compagno di scuola di Sara.
2. Non era a lezione la settimana scorsa.
3. Partecipa al progetto Erasmus.
4. Non ha mai conosciuto Sean.
5. Non poteva capire l'accento pugliese.
6. Ha pianto nei primi giorni a Roma perché non capiva niente.
7. È andata una volta a Londra con suo padre.
8. Le piace fare la lunga pausa per il pranzo come si fa in Italia.
9. Sean la invita a cena domani sera.
10. Ha bisogno di aiuto con la grammatica.
11. Trova molto interessante il programma Erasmus.

Il progetto Erasmus

Nominato per il grande umanista olandese del XV e XVI secolo, il progetto Erasmus, è nato nel 1987 per opera della Comunità Europea. Esso dà agli studenti europei la possibilità di iscriversi per un periodo determinato in un'università di un altro paese dell'Unione europea. Più di 15.000 studenti italiani passano un semestre o un anno in un altro paese europeo e questo, per molti di loro, rappresenta la prima esperienza d'indipendenza dalla famiglia. Le destinazioni più popolari per i ragazzi italiani sono la Spagna, la Francia e l'Inghilterra.

Susanna Rescio / Aurora

c **Viaggi all'estero.** Alcune persone parlano dei loro viaggi all'estero. Dove sono andate?

Margaret ha viaggiato parecchio all'estero. È stata in _____ _____, in _____ e in _____. _____ _____ le sembrava molto bella.

Marco è stato sia in _____, che in _____. Il _____ gli sembrava un posto molto particolare.

Alessandro è stato un po' dovunque (*everywhere*): in _____, in _____, in _____ e in _____. Il posto che gli è piaciuto di più è _____.

Francesco è stato a _____ e ha anche lavorato lì. È stato anche a _____ e a _____. La città che gli è piaciuta di più è _____.

© Cengage Learning

Dopo aver guardato

d **Un anno in Italia.** Immagini di essere andato/a a studiare in Italia per un anno. Adesso lei è di nuovo a casa e descrive la sua esperienza agli amici. Parli delle cose che le piacevano e di quelle che non le piacevano tanto.

Vantaggi
Esempio: Faceva quasi sempre bel tempo e potevo fare molto sport nel tempo libero.

Svantaggi
Esempio: Tutti i negozi erano chiusi tra le 13.00 e le 16.00. Era difficile fare la spesa.

Ad una mostra cinematografica

COMMUNICATIVE OBJECTIVES

- Talk about cinema, fashion, and clothing
- Describe movies
- Describe the color, size, and fabric of clothing
- Narrate and describe events in the past
- Talk about people and places you know and what you know how to do

Venezia: Palazzo del Cinema dove ogni anno ha luogo la Mostra Internazionale d'Arte Cinematografica.

RISORSE

 audio

 video

 www.cengagebrain.com/shop/ ISBN/0495913391

 ilrn.heinle.com

CD2,
Track 12

Marco e Giuliana incontrano il loro amico Alessandro.

1 MARCO: Ciao Alessandro, la settimana scorsa ti ho cercato, ma non eri mai in casa. Dove sei andato?

ALESSANDRO: A Venezia, alla Mostra Internazionale del Cinema.

GIULIANA: Davvero? Quanti personaggi famosi hai visto? Erano
5 simpatici gli attori? E le attrici indossavano abiti eleganti?

ALESSANDRO: So che c'erano registi internazionali e stelle del cinema americano, ma io non ho avuto l'occasione di vederli.

MARCO: E allora cosa facevi lì se non hai visto nessuno?

ALESSANDRO: Ero con mia sorella che con i suoi compagni di classe ha
10 vinto un concorso con un documentario sulla moda italiana.

GIULIANA: Che cosa interessante! Tu sai bene che la moda, i vestiti e gli accessori sono la mia passione!

ALESSANDRO: Allora ti piacerà° il nostro documentario dove le giacche e i   you'll like
pantaloni neri di Armani sono presentati in contrasto con
15 i colori sgargianti delle gonne e delle camicette di Versace°.   *Armani and Versace are*
important fashion houses
located in Milan.

MARCO: Anch'io sono curioso di vedere questo documentario. Ma dimmi, hai visto qualche bel film italiano o straniero? Ora il cinema italiano è in ripresa, non è vero?

ALESSANDRO: Sì, certo. Sono andato a vedere un film molto bello di
20 Giuseppe Tornatore°. Ho visto anche un film cinese con   *Giuseppe Tornatore is a film*
i sottotitoli in inglese. Però per leggere l'inglese non ho   *director.*
seguito bene le immagini e alla fine non ci° ho capito proprio   *about it*
un bel niente.

Domande

1. Perché Alessandro non era mai in casa la settimana scorsa?
2. Con chi era Alessandro alla Mostra Internazionale del Cinema? Perché?
3. Di che cosa tratta il documentario della sorella di Alessandro?
4. Quanti film ha visto Alessandro a Venezia?
5. Quali film italiani ha visto? Ha visto anche qualche film straniero? Quale?

▶ Since 1935 the **Mostra Internazionale del Cinema di Venezia** has taken place every year for two weeks in the latter part of August and early September. During this festival, many Italian and foreign pictures are shown and the best film is awarded **Il Leone d'Oro** (*the Gold Lion*).

Domande personali

1. A lei piacciono i film americani? E i film stranieri? Perché?
2. Lei conosce il nome di qualche altro festival del cinema? Quale?
3. Come si chiama il suo attore preferito? E la sua attrice preferita? Ha un/una regista preferito/a?
4. Le piace vedere film doppiati o in lingua originale con i sottotitoli in inglese?
5. Che cosa pensa lei della moda? La segue? Conosce il nome di alcuni stilisti famosi del suo paese?
6. Quale città è la capitale della moda nel suo paese?

Situazioni

1. Domandi ad un compagno/una compagna che cosa indossava ieri.

   >> — Che cosa indossavi ieri?
      — Indossavo (una gonna e una giacca molto semplici / un vestito elegante / i pantaloni e la camicetta / la maglia e i jeans).

2. Domandi ad un amico/un'amica che tipi di film gli/le piacciono.

   >> — Che tipi di film ti piacciono?
      — Mi piacciono (i film drammatici / le commedie musicali / i film dell'orrore / i film d'azione).

3. Domandi ad un amico/un'amica qual è il suo attore/la sua attrice preferito/a.

   >> — Qual è il tuo attore preferito/la tua attrice preferita? Perché?
      — Mi piace Meryl Streep perché è un'attrice brava e simpatica.

Pratica

1. Scriva cinque o sei frasi basate su quello che dicono i tre amici nel dialogo a pagina 235. Per esempio:

   >> La settimana scorsa Marco ha cercato Alessandro, ma...

2. In coppia: Immagini di essere andato/a ad un festival del cinema. Adesso racconti al suo amico/alla sua amica:

   - quando e dove si è svolto il festival
   - con chi è andato/a lei
   - che cosa avete visto
   - se si è divertito/a

3. Scriva quattro o cinque frasi sull'ultimo film che ha visto e dica perché le è piaciuto o non le è piaciuto.

   >> — L'ultimo film che ho visto è…

Il cinema italiano

Durante gli anni '80 e '90 il cinema italiano ha avuto un periodo di crisi profonda. La concorrenza[1] della televisione e della Rete[2], i prezzi alti dei biglietti, i film in cassetta e i DVD hanno allontanato[3] gli spettatori dalle sale cinematografiche. Come conseguenza, molti cinema sono stati chiusi e tutta l'industria cinematografica ne ha sofferto.

Durante la crisi però alcuni film italiani hanno avuto riconoscimenti[4] a livello internazionale. Hanno ricevuto l'Oscar per il miglior film straniero *Nuovo Cinema Paradiso* (1990) di Giuseppe Tornatore, *Mediterraneo* (1992) di Gabriele Salvatores e *La vita è bella* (1999) di Roberto Benigni. Il Festival di Cannes ha invece premiato[5] *La vita è bella* (1998), *Il ladro[6] di bambini* (1992) e il regista Nanni Moretti per il suo film autobiografico *Caro diario* (1994) e per *La stanza del figlio* (2001). Infine *La Bestia nel Cuore* di Francesca Comencini è stato scelto come uno dei migliori film stranieri per gli Oscar del 2006 e *Baarìa* di Giuseppe Tornatore è stato selezionato per rappresentare l'Italia agli Oscar del 2010.

Da qualche anno il cinema italiano è in ripresa e comincia a riacquistare[7] una sua identità. Andare al cinema è tornato di moda, grazie anche alla creazione di centri multisale che in locali nuovi, piccoli e accoglienti[8] offrono allo spettatore la possibilità di scegliere film e orari diversi. Gli italiani amano vedere i film americani, naturalmente in versione doppiata. Anche i film italiani sono molto popolari, specialmente quelli comici, che sono per lo più interpretati da attori conosciuti per mezzo della televisione.

- Lei sa in che condizione è il cinema americano? È in crisi, in ripresa o gode (*is enjoying*) di molta popolarità negli Stati Uniti e all'estero?

L'attore-regista Roberto Benigni durante la lavorazione del film *La vita è bella*.

Melampo Cinematografica/The Kobal Collection/Sergio Strizzi

1. *competition*   2. *the Internet*   3. *kept away*   4. *recognition*   5. *awarded a prize*
6. *thief*   7. *regain*   8. *comfortable*

Numerous Italian film artists work in the American motion picture industry. Among recipients of Oscars are the costume designer **Milena Canonero**, composer **Ennio Morricone**, scene designer **Dante Ferretti**, and photography directors, such as **Vittorio Storaro, Peppino Rotunno**, and **Dante Spinotti**.

Parole analoghe

l'accessorio
l'attore
l'attrice
l'azione
il cinema
il colore
la commedia
il contrasto
curioso/a
il documentario
drammatico/a
il festival
il film
l'immagine
i jeans
la passione
presentare

Nomi

l'abito   dress
la camicetta   blouse
il concorso   contest
la giacca   jacket
la gonna   skirt
la maglia   sweater
la moda   fashion
la mostra   exhibit

i pantaloni   trousers, pants
il personaggio   celebrity
il/la regista   (film) director
il sottotitolo   subtitle
la stella   star
lo/la stilista   designer
i vestiti (pl.)   clothing
il vestito   dress, suit
la vita   life

Aggettivi

doppiato/a   dubbed
nero/a   black
sgargiante   gaudy
preferito/a   favorite

Verbi

indossare   to wear
trattare (di)   to be about, to deal with

Altre parole ed espressioni

perciò   therefore
la commedia musicale   musical
   comedy
i film dell'orrore   horror movies
alla fine   in the end
proprio un bel niente   absolutely
   nothing
essere in ripresa   to have a revival

> **I vestiti** and **gli abiti** both mean *clothing*.

> *l'abito* = *il vestito. L'abito* is more formal; *il vestito* is more commonly used. Both refer to a woman's dress or a man's suit.

◀))
CD2,
Tracks
13–14

Il suono di /gl/ + /i/

The sound of the letters **gli** is like the *lli* in *million*. It is articulated with the top of the tongue against the hard palate or roof of the mouth.

a   Ascolti e ripeta le seguenti parole.

quegli	Puglia	moglie
figli	foglio	famiglia
sugli	maglietta	figlia
negli	taglia	foglia

Tuta
tuso
fuseaux   *Liguria*

b **Proverbi.** Ascolti e ripeta i seguenti proverbi.

Sbagliando, s'impara.
One learns by making mistakes.

Non dar consigli a chi non li chiede.
Never give advice unless asked.

🔊 Ampliamento del vocabolario

L'abbigliamento, i tessuti e i colori

1. la camicetta	6. la cravatta	11. la giacca	16. il cappello
2. la gonna	7. la maglia	12. il cappotto	17. le scarpette da
3. il vestito	8. la maglietta	13. i guanti	ginnastica
4. il giaccone	9. i jeans	14. i calzini	18. i sandali
5. la camicia	10. i pantaloni	15. gli stivali	19. le scarpe

Altri articoli di abbigliamento

la borsa   handbag, purse
le calze (*f. pl.*)   stockings, hose
i calzoncini   shorts

il costume da bagno   bathing suit
l'impermeabile (*m.*)   raincoat

Espressioni utili

calzare   to fit (*shoes, gloves*)
indossare   to wear; to put on
levarsi   to take off (*clothing*)
la misura   size (*clothing, shoes*)
spogliarsi   to undress

il numero   size (*shoes*)
portare   to wear
la taglia   size (*clothing*)
a quadri   checked
a righe   striped
a tinta unita   solid-color

▶ Due to American influence, many English words related to fashion and clothing are used in Italy: "casual," "jeans," "top," "blazer," etc.

▶ Practice clothing vocabulary by associating specific clothes with seasons and weather expressions.

I tessuti e i materiali

il cotone cotton
il cuoio (la pelle) leather, hide
la lana wool
il lino linen

il poliestere polyester
il rayon rayon
la seta silk
il velluto a coste corduroy

I colori

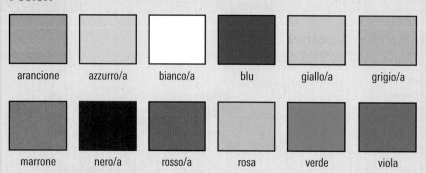

arancione   azzurro/a   bianco/a   blu   giallo/a   grigio/a

marrone   nero/a   rosso/a   rosa   verde   viola

1. The definite article is used with articles of clothing (not the possessive adjective, as in English). The possessive adjective is used only when necessary to clarify ownership.

Mi metto **la** camicia.	*I put on my shirt.*
Scusa, quella è la **mia** giacca, non la tua!	*Excuse me, that's my jacket, not yours!*

When describing more than one person putting on or taking off the same article of clothing, the piece of clothing is in the singular.

I ragazzi si levano **il cappotto.**	*The boys take off their coats.*
Maria e Giulia indossano **il costume da bagno.**	*Maria and Giulia are wearing their bathing suits.*

2. Adjectives of color whose masculine singular form ends in **-o** agree in number and gender with the nouns they modify. The adjectives **arancione, blu, marrone, rosa**, and **viola** are invariable.

A S triscie
A Righe
A Quadrati
A pois

a   **Preferenze.** In coppia: Risponda ad un compagno/una compagna che vuole sapere che cosa lei preferisce mettersi nelle seguenti occasioni.

>> per andare ad una festa elegante   — Che cosa ti metti per andare ad una festa elegante?
   — Mi metto un vestito di seta.

1. domani quando vai a fare una gita al mare
2. questo pomeriggio se piove
3. stasera per andare a mangiare una pizza con gli amici
4. sabato sera per andare ad un concerto di musica classica
5. domenica per andare ad un concerto rock allo stadio

b **Abbigliamento.** In coppia: A turno, identificate due o tre articoli di abbigliamento che indossate oggi.

>> Io porto una gonna di cotone, una camicetta di lino e i sandali neri.

c **I colori.** In gruppi di tre o quattro: Domandi a ciascuno studente/ studentessa di che colore è l'abbigliamento degli altri studenti del gruppo.

>> — (Jennifer), di che colore è la camicia di (John)?
— È (azzurra).

d **Completare il dialogo.** In coppia: Lei ha bisogno di scarpe e stivali ed entra in un negozio di calzature. Insieme ad un compagno/una compagna completi il seguente dialogo fra lei e il commesso/la commessa (*salesclerk*), usando le seguenti parole o espressioni. Ci sono due parole in più nella lista.

metto	pelle
la misura	un paio
i pantaloni	nere
marrone	lana
scarpe	la borsa
42	

LEI: Buon giorno!
COMMESSO/A: Buon giorno. Desidera?
LEI: Ho bisogno di un paio di _____ di _____.
COMMESSO/A: Di che colore?
LEI: Mah, _____. Il nero va bene con tutto.
COMMESSO/A: E _____?
LEI: Il 42.
COMMESSO/A: Vuole altro?
LEI: Sì, _____ di stivali _____.
COMMESSO/A: Sempre il numero _____?
LEI: No, il 42 e mezzo perché con gli stivali _____ sempre i calzini di _____.
COMMESSO/A: Bene. Si accomodi, prego. Torno subito.

e **Preparare un dialogo.** In coppia: Lei è in un negozio per comprare un vestito. Insieme a un compagno/una compagna prepari un dialogo appropriato fra lei e il commesso/la commessa. Ricordate di includere la taglia, il tessuto, il colore e il prezzo.

>> COMMESSO/A: Buona sera! In che cosa posso servirla?
LEI: Buona sera. Ho bisogno di...

Il cinema

doppiare to dub	**lo sceneggiatore/la**
girare to film	** sceneggiatrice** screenwriter
l'attore actor	**i cartoni animati** cartoons
l'attrice actress	**la commedia musicale** musical
la colonna sonora soundtrack	comedy
gli effetti speciali special	**il film d'azione** action movie
effects	**il film di fantascienza** science
la sceneggiatura screenplay	fiction movie
il produttore producer	**il film giallo** thriller, mystery
il/la regista director	**il film dell'orrore** horror movie

▶ *Thrillers* are called **film gialli** because of the yellow book covers that have traditionally identified mystery and crime novels.

f **Domande.** In coppia: Risponda alle domande che le fa un amico/un'amica per conoscere le sue preferenze sul cinema.

1. Hai visto un film di fantascienza di recente? Quale? Com'erano gli effetti speciali?
2. Ti piacciono i film gialli? Qual è il tuo preferito? Sai il nome di qualche regista di film gialli? Che film ha diretto?
3. Qual è l'ultimo film di cartoni animati che hai visto? Quali sono tre film di cartoni animati che preferisci? Perché?
4. Hai dei CD della colonna sonora di alcuni film? Quali sono?
5. Quali film non ti piacciono? I film dell'orrore? Le commedie musicali? Perché?

g **Il suo film preferito.** In coppia: Parli con un amico/un'amica del suo film preferito. Oltre alla trama (*plot*) dica anche i nomi dello sceneggiatore/della sceneggiatrice, del produttore, del/della regista e dove il film è stato girato.

Cinema Eurcine
Via Liszt, 28
00100-Roma

Sala 1 Posto: H-18
BAARIA
Data: 15/10/2009
Orario: 19:10
Prezzo: 5,50 eur
Suppl.: 0,00 eur
Totale: 5,50 eur

Circuito Cinema Srl
P.iva 05099391004
Cod. Sistema: 00027793
Emesso da: int1
In data:15/10/2009 18:45
S/F 02-63-81-1D-C9-F0-5D-B5
Card A0052664 - Prog 115394
Tipo Evento: Cinema / PT-PLATEA

R4-Ridotto anziani

Lo spettatore che da un controllo venisse trovato sprovvisto del presente tagliando sarà soggetto alle sanzioni previste dalla vigente normativa. Biglietto valido esclusivamente per il giorno, l'ora e il film in programmazione indicati
LR00735751

Le chiavi di casa, un film di Gianni Amelio, presentato alla Mostra del Cinema di Venezia.

Struttura ed uso

Contrasto fra l'imperfetto ed il passato prossimo

1. The **imperfetto** and the **passato prossimo** describe two different types of past actions. Compare the sentences on the left, which use the **imperfetto,** and those on the right, which use the **passato prossimo.**

Ogni anno **andava** alla mostra del cinema a Venezia.	La settimana scorsa **è andata** a vedere una mostra di documentari.
Qualche volta **vedeva** delle stelle del cinema.	Questa volta **ha visto** Monica Bellucci.

2. The **imperfetto** describes habitual, recurring, or ongoing actions, whereas the **passato prossimo** describes specific completed actions. Time expressions such as **ogni anno, sempre, spesso,** and **di solito,** often signal recurring actions. Expressions such as **la settimana scorsa, ieri sera, due ore fa,** and **stamattina,** often signal specific past actions.

Si alzavano **sempre** presto.	*They always used to get up early.*
Spesso guardavo la televisione.	*I often watched television.*
Si sono alzati tardi **stamattina.**	*They got up late this morning.*
Ieri sera ho guardato un bel programma alla televisione.	*Last night I saw a good program on television.*

3. When both tenses occur in the same sentence, the **imperfetto** describes an action in progress when another event happened. The other event is expressed in the **passato prossimo.**

Giancarlo **controllava** la posta elettronica quando **sono arrivate** le sue amiche.	*Giancarlo was checking his e-mail when his friends arrived.*
Giravano un film in centro e **mi sono fermato** a guardare.	*They were making a movie downtown and I stopped to watch.*

La commessa **ha aperto** la porta mentre mi **spogliavo!**

4. In narratives, the **imperfetto** describes the characters' qualities and habitual actions, their emotions and thoughts, the setting, time, weather, and other background information. The **passato prossimo** is used to relate specific events or actions that took place.

Cappuccetto Rosso (*Little Red Riding Hood*) **era** una brava bambina che **andava** spesso a trovare la nonna che **abitava** dall'altra parte del bosco (*woods*). Un giorno **ha preparato** un cestino (*basket*) con dei panini ed **è partita** di buon'ora...

Salvatore **era** un bravo bambino siciliano che **abitava** con sua madre. **Passava** tutte le ore libere al cinema invece di andare a scuola. Un giorno sua madre l'**ha trovato** lì: l'**ha portato** a casa e **ha detto**...

a **Domande.** In coppia: Domandi ad un compagno/una compagna che cosa faceva quando gli/le ha telefonato. Il compagno/La compagna risponde secondo i suggerimenti.

>> spogliarsi   S1: Cosa facevi quando ti ho telefonato?
S2: Quando mi hai telefonato, mi spogliavo.

1. leggere un romanzo (*novel*) emozionante
2. discutere con mia sorella
3. fare una torta
4. vestirsi
5. guardare un bel programma alla televisione
6. dormire tranquillamente
7. parlare con il mio ragazzo/la mia ragazza
8. prepararsi per la lezione di storia

b **Mentre lavoravo.** In coppia: Dica ad un compagno/una compagna una o due cose che sono successe ieri mentre lei faceva le seguenti attività.

>> lavorare   Ieri mentre lavoravo, ho visto Marco e Paola.

1. uscire di casa   4. mangiare
2. studiare   5. guardare la televisione
3. guidare la macchina   6. dormire

c **Spiegazioni.** Tiziana spiega ad una sua collega che cosa ha fatto ieri sera con il fidanzato Carlo. Dia la forma appropriata del passato prossimo o dell'imperfetto dei verbi indicati tra parentesi, secondo il contesto.

Ieri sera? Niente. Ieri sera io e Carlo _____ (essere) a casa, _____ (annoiarsi) e finalmente _____ (decidere) di andare al cinema. Veramente io non _____ (avere) nessuna voglia di uscire: _____ (piovere) a catinelle (*it was raining cats and dogs*). Ma Carlo _____ (guardare) il giornale e alla fine _____ (scegliere) un film giapponese.

Quando noi _____ (arrivare) al cinema non c' _____ (essere) nessuno. Pensa! Noi _____ (essere) soli in questo cinema. E non solo: il film _____ (essere) in lingua originale; cioè il giapponese. Io non _____ (capire) un bel niente!

d **A che età.** In coppia: Dica ad un amico/un'amica quanti anni aveva quando ha fatto le seguenti cose.

>> cominciare a frequentare la scuola
  S1: Quanti anni avevi quando hai cominciato a frequentare la scuola?
  S2: Avevo quattro anni quando ho cominciato a frequentare la scuola.

1. imparare ad andare in bicicletta
2. innamorarsi (*to fall in love*) per la prima volta
3. uscire per la prima volta con un ragazzo/una ragazza
4. andare al primo ballo
5. prendere la patente di guida
6. viaggiare da solo/a per la prima volta

e **Racconto.** Racconti la storia di Pinocchio, completando le frasi con la forma appropriata dell'imperfetto o del passato prossimo del verbo in corsivo.

1. C'era una volta un uomo di nome Geppetto che *volere* avere un figlio.
2. Desiderava tanto questo figlio che un giorno *fare* un burattino di legno (*wooden puppet*).
3. Amava il burattino di legno, ma purtroppo il burattino non *essere* un vero bambino.
4. Una notte, mentre Geppetto dormiva, *venire* una fata (*fairy*) azzurra.
5. La fata azzurra voleva aiutare Geppetto e *dare* vita a Pinocchio.
6. Geppetto era contentissimo quando *alzarsi* quella mattina e *vedere* un vero bambino al posto del burattino.
7. Pinocchio era un bravo ragazzo e ogni mattina *uscire* di buon'ora per andare a scuola.
8. Un giorno, mentre Pinocchio andava a scuola, (Pinocchio) *incontrare* il Gatto e la Volpe (*fox*).

> *Le avventure di Pinocchio* by **Carlo Collodi (1826–1890)** was published in 1881 in an Italian magazine for children. Since then, it has become a favorite story around the world.

f **Un bel ricordo.** In coppia: Ricorda il giorno più bello della sua vita? Forse era una gita fatta con la famiglia, un appuntamento con una persona speciale o una vittoria sportiva. Prepari almeno sei frasi per descrivere quest'avvenimento e poi racconti la storia ad un altro studente/un'altra studentessa. Lei può parlare di:

- quanti anni aveva
- che tempo faceva
- perché era contento/a
- dove e con chi era
- cosa è successo

g **Dialogo.** In coppia: Create insieme un dialogo basato sulla situazione indicata qui sotto.

>> S1: Scusi, ieri ho lasciato qui qualcosa.
   S2: ...

S1:
Ieri mattina alle 8.45 lei si è fermato/a ad un bar vicino al suo posto di lavoro per prendere un caffè. Si è seduto/a ad un tavolino vicino alla porta. Quando più tardi è arrivato/a al lavoro, ha notato che non aveva più i guanti. Erano guanti di pelle nera e molto costosi. Ora, torni al bar e chieda al barista se ha trovato i suoi guanti. Risponda alle sue domande.

S2:
Lei lavora in un bar del centro. Questa mattina, una persona entra e dice che ha perso i guanti nel bar. Aiuti questa persona e domandi com'erano i guanti, dov'era seduto/a quando li ha perduti, come li ha perduti e che ora era.

Plurale di alcuni nomi ed aggettivi

1. Feminine nouns and adjectives that end in **-ca** and **-ga** form the plural in **-che** and **-ghe.**

— Che bella **giacca bianca!** Ma non è molto **pratica.**
— È vero. Le **giacche bianche** non sono **pratiche.**

— Guarda! Una **manica** (*sleeve*) è più **lunga** dell'altra.
— È vero! Ma tutt'e due le **maniche** sono troppo **lunghe.**

2. Feminine nouns ending in **-cia** and **-gia** whose stress falls on the **i** form the plural in **-cie** and **-gie.**

— La **farmacia** è aperta?
— No, tutte le **farmacie** sono chiuse.

— Hai detto una **bugia** (*lie*)?
— No, non dico mai **bugie.**

Feminine nouns ending in **-cia** and **-gia** that are stressed on any other syllable generally drop the **i** and form the plural in **-ce** and **-ge.**

la **faccia grigia**	le **facce grige**
la lunga **spiaggia**	le lunghe **spiagge**
Exception: la **camicia**	le **camicie**

> ▶ The **i** in words such as **faccia** or **spiaggia** is not pronounced: it is included to give a soft /**c**/ or /**g**/ sound. In the plural (**-ce, -ge**), the **i** is no longer necessary and is generally dropped.

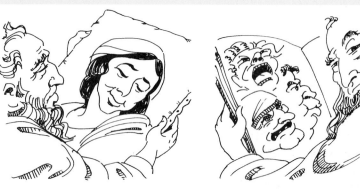

Una **faccia simpatica**   Alcune **facce** meno **simpatiche**

3. Some masculine nouns and adjectives ending in **-co** form the plural in **-chi,** and others form the plural in **-ci.** If the stress is on the next-to-last syllable, use **-chi.**

il **parco tedesco**   i **parchi tedeschi**
il **gioco** divertente   i **giochi** divertenti
il bambino **stanco** (*tired*)   i bambini **stanchi**

If the stress is on the third-to-last syllable, use **-ci.**

un **medico simpatico**   due **medici simpatici**

Exceptions to this rule are:

un **amico**   tre **amici**
il **greco** (*Greek*)   i **greci**
il **nemico** (*enemy*)   i **nemici**
un **porco** (*pig*)   molti **porci**

4. Masculine nouns and adjectives ending in **-go** generally form the plural in **-ghi,** regardless of stress.

Questo **dialogo è lungo.**   Questi **dialoghi** sono **lunghi.**

But nouns ending in **-ologo,** referring to professions, form the plural in **-ologi.**

il **radiologo**   i **radiologi**
uno **psicologo**   molti **psicologi**

h   **Dare il plurale.** Dia il plurale delle seguenti espressioni.

>> il parco nazionale   i parchi nazionali

1. la farmacia moderna   5. la ciliegia dolce
2. la spiaggia bianca   6. lo psicologo tedesco
3. la biblioteca magnifica   7. la conversazione telefonica
4. il viaggio lungo   8 l'unico luogo

i   **Completare le frasi.** Completi le seguenti frasi con la forma appropriata dei nomi o aggettivi in **-go** e in **-co** della lista.

lungo   psicologo   nemico   albergo
analogo   biologo   lago   simpatico

1. Quegli _____ seguono le teorie (*theories*) di Freud.
2. Quei _____ lavorano nello stesso laboratorio.
3. I _____ italiani sono magnifici!
4. *Sistema* e *system* sono parole _____.
5. Tutti gli _____ della città sono vicino alla stazione.
6. Ti piacciono i miei amici? Sì, sono molto _____.
7. A volte cari amici possono diventare (*become*) _____.
8. È ottobre e le notti diventano più _____.

j **Per te, tutti sono simpatici.** In coppia: S1 formula frasi con le cose e gli aggettivi che seguono. S2 risponde che per S1, tutte quelle cose sono come dice lui/lei.

>> luogo / romantico
   S1: Questo luogo è romantico.
   S2: Per te, tutti i luoghi sono romantici!

1. lezione / lungo
2. spiaggia / bello
3. medico / antipatico

4. gioco / simpatico
5. domanda / logico
6. film / artistico

k **Domande.** Domandi ad un compagno/una compagna se ha le seguenti cose.

>> giacca / di lino
   S1: Hai una giacca di lino?
   S2: Sì, ho due giacche di lino. / No, non ho nessuna giacca di lino.

1. un paio di pantaloni / bianco
2. un abito / da sera
3. una camicia / con le maniche lunghe
4. una camicia / con le maniche corte
5. un paio di jeans / classico
6. calzini / a righe
7. una maglia / di poliestere
8. una cravatta / eccentrico

> Use the word **paio** (*pair*) for pants, socks, and shoes. The plural of **paio** is **paia**: **Ho un paio di jeans e tre paia di pantaloni di lana.**

Hermes Images/Photolibrary

Guardare i vestiti nelle vetrine non costa niente.

Sapere e *conoscere*

— **Conosci** mio fratello?
— Siete fratelli? Non lo **sapevo!**

1. The verbs **conoscere** and **sapere** both mean *to know* in Italian, but they describe different types of knowledge. **Conoscere** means *to be acquainted* or *familiar with someone or something*. It is often used when talking about knowing people or places, and can also be used with languages. **Conoscere** used in the **passato prossimo** means *to meet.*

— **Conosci** l'Inghilterra?	— *Do you know England?* *(Have you been there?)*
— Sì, la **conosco** molto bene. Purtroppo non **conosco** l'inglese.	— *Yes, I know it very well. Unfortunately I don't know English.*
— I tuoi genitori **conoscono** Valeria?	— *Do your parents know Valeria?*
— No, non l'**hanno** ancora **conosciuta.**	— *No, they haven't met her yet.*

2. **Sapere** *means to have knowledge of something* or *to know certain information.*

Sai chi è Giuseppe Tornatore?	*Do you know who Giuseppe Tornatore is?*
Sapete dove hanno girato quella scena?	*Do you know where they filmed that scene?*
No, non lo **sappiamo.**	*No, we don't know.*

Sapere + *infinitive* means *to know how to do something.*

Mio figlio ha solo tre anni e già **sa leggere** e **scrivere.**	*My son is only three and he already knows how to read and write.*

> Notice that there is no word corresponding to the English *how* in *to know how.* All you need is **sapere** + *infinitive.*

3. **Sapere** is irregular in the present tense. Here are its forms.

sapere	
so	sappiamo
sai	sapete
sa	sanno

l **La scelta corretta.** Scelga la forma corretta di **conoscere** o **sapere** secondo il contesto.

1. — (Conosci / Sai) chi ha vinto il premio alla mostra del cinema?
   — Sì, lo (conosco / so). Giuliano Forini l'ha vinto.
   — Fantastico!
   — Perché fantastico? Lo (conosci / sai)?
   — Sì che lo (conosco / so); è un mio amico.

2. — È vero che tutti i giovani italiani (conoscono / sanno) l'inglese?
   — Beh, molti lo studiano. Spesso (conoscono / sanno) leggere e scrivere l'inglese.
   — E lo (conoscono / sanno) parlare?
   — Questo è il problema. (Conoscono / Sanno) la grammatica, ma pochi lo (conoscono / sanno) parlare bene.

3. — Scusi, per caso lei (conosce / sa) dov'è il ristorante Il Gabbiano?
   — Sì, è qui vicino. Ma Il Gabbiano è chiuso il lunedì.
   — Ah, non lo (conoscevo / sapevo). Lei (conosce / sa) un altro buon ristorante qui vicino?
   — Sì, c'è il ristorante Zi' Luisa, ma non (conosco / so) se è aperto.

> Restaurants in Italy are required by law to be closed one day a week for what is called a **riposo settimanale**.

m **Informazioni.** In coppia: Parlate di una persona nella vostra classe. Domandi al compagno/alla compagna se ha queste informazioni sull'altra persona, se conosce i suoi amici, ecc.

>> come si chiama
   S1: Sai come si chiama quel ragazzo?
   S2: No, non lo so. / Sì, lo so. Si chiama Jeff.

   i suoi amici
   S1: Conosci i suoi amici?
   S2: No, non li conosco. / Sì, li conosco. Sono tutti simpatici.

1. dove abita
2. il suo numero di telefono
3. se ha il ragazzo/la ragazza
4. che cosa studia
5. se ha sorelle
6. la sua famiglia
7. il suo migliore amico/la sua migliore amica (*best friend*)
8. che fa questo fine settimana

n **Intervista.** Scriva se lei conosce le seguenti persone, cose o luoghi, o se sa fare le seguenti attività. Poi domandi ad altri tre studenti se sanno fare le stesse cose o conoscono le stesse persone. Alla fine, confrontate le liste per vedere quale delle tre persone ha il maggior numero di risposte uguali alle sue.

>> ballare il valzer (*waltz*)   S1: Sai ballare il valzer?

S2: Sì, so ballare il valzer, ma non troppo bene. / No, non so ballare, ma voglio imparare, ecc.

	io	*1*	*2*	*3*
1. suonare la chitarra	——	——	——	——
2. molte persone italiane	——	——	——	——
3. il francese	——	——	——	——
4. giocare a scacchi (*chess*)	——	——	——	——
5. una pittura di Botticelli	——	——	——	——
6. un paese europeo	——	——	——	——
7. guidare una motocicletta	——	——	——	——
8. una persona famosa	——	——	——	——

> **Sandro Botticelli (1445–1510)** was a Florentine painter. Two of his most famous works are *Primavera* and *La nascita di Venere* (*The Birth of Venus*).

o **Quello che so fare.** In coppia: Dica ad un compagno/una compagna tre cose che lei sa fare molto bene, tre cose che non sa fare e tre cose che lei vuole imparare a fare.

>> Io so guidare molto bene la macchina.
Non so parlare cinese.
Voglio imparare a sciare.

p **L'amico artista.** Parli di un suo amico e completi il seguente brano con le forme corrette dei verbi **sapere** o **conoscere** secondo il contesto.

Il mio amico Giacomo non _____ ballare, ma _____ suonare il pianoforte e _____ cantare molto bene. Difatti _____ molte canzoni moderne. _____ anche delle romanze d'opera e _____ cantarle in varie lingue straniere. Oltre all'italiano, Giacomo _____ bene il francese, il tedesco e l'inglese. Ma è soprattutto un bravo artista ed io lo _____ da quando frequentavamo il liceo. Se lo vuoi _____, te lo presento. Eccolo che arriva!

iLrn Complete the diagnostic tests to check your knowledge of the vocabulary and grammar structures presented in this chapter.

Parliamo un po'

a **Un film preferito.** In coppia: Racconti ad un compagno/una compagna la storia di un film che le piace molto. Dica:

- chi sono il/la regista e gli attori
- chi sono i personaggi principali
- dove ha luogo (*takes place*) il film
- che cosa succede nel film
- perché le piace

b **Raccontiamo un film!** In coppia: Guardate le foto prese da alcuni
film italiani molto famosi e cercate di immaginare una storia che
va con una di esse. Potete usare la fantasia per inventare i nomi dei
personaggi, caratteristiche personali e
altre informazioni. Usate i tempi passati
appropriati.

>> C'era una ragazza bellissima che
si chiamava… Aveva… Le piaceva
molto… Un giorno ha incontrato…
e poi ha deciso…

Gli attori Burt Lancaster e Claudia Cardinale in una bella scena del film *Il
gattopardo* (1963) diretto da Luchino Visconti

Roberto Benigni bacia la sua principessa (Nicoletta Braschi)
in una suggestiva scena del film *La vita è bella* (1997)

Marcello Mastroianni e Anita Eckberg davanti alla Fontana di Trevi nel
film *La Dolce Vita* (1960) di Federico Fellini

c **Quale film vedere?** In coppia: Lei desidera andare al cinema e chiama
una sua amica/un suo amico per invitarla/lo a venire con lei. L'unico
problema è che a lei piacciono i film romantici e all'amica/o piacciono i
film di fantascienza o i film gialli. Usando questo programma, decidete
quale film volete vedere, dove e a che ora.

>> — Pronto, chi parla?
— Ciao, sono… Senti, vuoi andare al cinema con me stasera?
— Sì, volentieri! Quali film danno? (*What's playing?*) ecc.

CINEMA

ALCAZAR	**PASQUINO**
Via Merry del Val 14	Piazza S. Egidio 1
Uomini senza donne	**Il signore degli anelli**
di A. Longini, con Alessandro Gassman 16,45 – 18,40 – 20,35 – 22,30	di P. Jackson, con Elijah Wood 10,30 – 13,45 – 16,00 – 18,15 – 20,30
EDEN SALA 1	**QUIRINETTA**
Via Cola di Rienzo 74	Via Marco Minghetti 4
Una lunga lunga lunga notte di amore	**La strana storia di Olga 'O'**
di F. Ferzetti, con Ornella Muti 16,15 – 18,20 – 20,30 – 22,40	di A. Bonifacio, con Serena Grandi 15,30 – 17,50 – 20,10 – 22,30
GIULIO CESARE	**TIBUR**
Via Giulio Cesare 15	Via degli Etruschi 36
Omicidio al telefono	**Guerre stellari: episodio 3**
di Frank Klox, con Antonio Zequila 16 – 19 – 22	di S. Spielberg 15 – 17,30 – 20 – 22,30

d **Gli stilisti.** In coppia: Voi siete due stilisti abbastanza moderni ed eccentrici. Per una grande festa a Hollywood, quattro persone vi hanno chiesto di creare vestiti originali. Sono:

Un regista   Un'attrice non più   Un attore   Una cantante
eccentrico   giovane   popolare   scandalosa

Create nuovi "look" per i vostri clienti famosi. Indicate abbigliamento, tessuti e colori. Poi preparate una descrizione delle creazioni per la classe.

Conoscere l'Italia

a **Definizioni.** Abbini le definizioni con una parola della lista di destra.
Ci sono due parole in più nella lista.

1. aggettivo derivato da *Lombardia*
2. nome da cui deriva l'aggettivo *famoso*
3. il contrario di *brutto/a*
4. luogo dove si rappresentano commedie, tragedie e opere
5. una scuola di belle arti
6. sinonimo di *nazione*
7. luogo dove si possono ammirare pitture e altre opere d'arte
8. sinonimo di *via*
9. sinonimo di *caro/a*
10. persona che crea articoli di abbigliamento
11. sinonimo di *molto*

a. il museo
b. il teatro
c. costoso/a
d. il paese
e. il negozio
f. bello/a
g. lombardo/a
h. la strada
i. la fama
j. lo stilista
k. l'accademia
l. estremamente
m. splendido/a

CD2,
Track 15

Milano

Milano è il capoluogo della Lombardia. Con quasi due milioni di abitanti, è la città più popolosa d'Italia dopo Roma. Milano è il centro commerciale, industriale e bancario d'Italia e allo stesso tempo svolge un ruolo[1] molto importante nell'arte e nella cultura del Paese. Prestigiosi istituti universitari quali il Politecnico, l'Università statale, l'Università Cattolica e l'Università Commerciale Bocconi si trovano a Milano. Riviste di ogni categoria e importanti giornali come *Il Corriere della Sera*, *La Gazzetta dello Sport* e *Il Sole-24 Ore* sono pubblicati in questa città. E mentre Roma è il centro del cinema, Milano è la sede[2] dei migliori spettacoli teatrali e dell'opera. Qui si trova il Teatro alla Scala, il più famoso teatro lirico[3] del mondo. L'attrazione artistica più bella di Milano è il Duomo, un capolavoro di architettura gotica. Brera, una delle migliori[4] accademie di belle arti d'Italia, è a Milano. Nel palazzo dell'accademia c'è la Pinacoteca[5] di Brera, una delle collezioni di dipinti[6] più ricche d'Italia. In questo museo si possono ammirare, oltre alle opere[7] di Tintoretto, Mantegna, Tiepolo, Caravaggio ed altri, anche i dipinti di pittori[8] più moderni come Modigliani, Boccioni, Carrà e Morandi.

L'elegante Galleria di Milano è un rinomato luogo d'incontro.

blackpixel/Shutterstock

1. *plays a role*   2. *seat*   3. *opera house*   4. *best*
5. *art gallery*   6. *paintings*   7. *works*   8. *painters*

Ma il capoluogo lombardo è anche la capitale della moda italiana. A Milano hanno luogo sfilate di moda[9] che sono prestigiose come quelle di Parigi. Nella zona milanese intorno a via Monte Napoleone, conosciuta con il nome di "Montenapo", si trovano negozi di moda che sono tra i più belli del mondo. Altre eleganti strade di questa zona sono via della Spiga, via Sant'Andrea e via Alessandro Manzoni. In queste strade sono situati i negozi di stilisti di fama internazionale come Ferré, Versace, Armani, Krizia e molti altri. Le creazioni vendute in questi negozi sono veramente splendide, ma esse sono anche estremamente costose.

9. *fashion shows*

Un interessante autoritratto del pittore futurista Umberto Boccioni (1882–1916).

© Scala / Art Resource

▶ **Tintoretto (1518–1594), Tiepolo (1736–1776),** and **Caravaggio (1571–1610)** were painters.
Amedeo Modigliani (1884–1920) was a painter and sculptor.

▶ **Umberto Boccioni (1882–1916)** was a futurist painter and sculptor.
Carlo Carrà (1881–1966) and **Giorgio Morandi (1890–1964)** were painters.

b **Informazioni.** Dia le seguenti informazioni basate sul brano precedente.

1. tre caratteristiche di Milano
2. tre università milanesi
3. due giornali pubblicati a Milano
4. il nome del teatro lirico milanese
5. la più bella attrazione artistica di Milano
6. il nome dell'accademia di belle arti di Milano
7. tre pittori le cui opere sono nella Pinacoteca di Brera
8. come sono le sfilate di Milano
9. vie milanesi dove ci sono eleganti negozi di moda
10. tre stilisti italiani di fama internazionale

a **La parola giusta.** Prima di leggere il seguente brano, completi l'attività che segue con le parole appropriate fra quelle indicate. Ci sono tre parole in più nella lista.

vestire
gusto
indossare
sportiva

abbigliamento
accessori
moda
cambiamenti

A Tiziana piace _____ elegantemente. Va spesso ai negozi di _____ e legge anche molte riviste di _____. Veste sempre con molto _____ e compra _____ moderni, ma semplici che vanno molto bene con i suoi vestiti.

CD2,
Track 16

Vestire bene

Vestiti molto eleganti sono in mostra in questo negozio di Armani.

Per quasi tutti gli italiani, vestire bene è molto importante. Essi prestano molta attenzione allo stile del loro abbigliamento, alla qualità della stoffa e degli accessori e alla combinazione dei colori.

Gli uomini e le donne di una certa età[1] vestono con un gusto classico e raffinato che non segue molto i cambiamenti stagionali della moda.

I giovani invece vivono con la moda e la seguono di pari passo[2]. Ad ogni cambiamento di stagione, nuovi articoli d'abbigliamento, nuove linee e nuovi colori appaiono sul mercato. I giovani li accettano subito e talvolta[3] aggiungono alcune variazioni più o meno personali. Infatti non dobbiamo dimenticare che la moda giovanile rimane pur sempre[4] una moda semplice, spigliata[5] e sportiva.

1. *middle-aged*   2. *keep up with it*   3. *sometimes*   4. *always*   5. *carefree*

b **Un titolo adatto.** Fra i seguenti scelga il titolo adatto al brano appena letto.

1. La moda giovanile
2. Gli stilisti italiani
3. L'importanza del vestire
4. La moda e le donne

c **Domande.** Risponda alle seguenti domande sulla moda.

1. Di solito come veste la gente in Italia? E nel suo paese?
2. Com'è la moda giovanile in Italia? E nel suo paese?
3. Dove si presta più attenzione alla moda, in Italia o nel suo paese? Perché?
4. Agli anziani interessa la moda sportiva? Perché?
5. Nella sua città ci sono molti o pochi negozi di moda giovanile? Perché?

Videoteca   *Che tipo di film preferisci?*

Prima di guardare

a **Descrizione.** Completi la descrizione con la forma corretta dei verbi tra parentesi, usando o il passato prossimo o l'imperfetto.

Davide _____ (invitare) Sara ad andare a vedere un film. Mentre Sara _____ (andare) al cinema _____ (vedere) una rivista sul cinema hollywoodiano e l'_____ (comprare) per Davide. Lei _____ (sapere) che Davide _____ (essere) molto interessato al cinema americano. Quando Sara _____ (arrivare) all'appuntamento, c'_____ (essere) anche Caterina che _____ (aspettare). Siccome (*Seeing as how*) _____ (dovere) aspettare, le due ragazze _____ (parlare) dei loro film preferiti.

Mentre guarda il video

b **Le preferenze dei tre amici.** Davide, Sara e Caterina amano andare al cinema, ma hanno preferenze ben diverse. Completi la descrizione con parole appropriate.

- Davide sa molto del cinema italiano ed internazionale. Ama i film _____ con molti _____, ma gli piacciono anche altri generi di film come i famosi spaghetti western fatti da registi e _____ italiani. Per Davide i film che piacciono a Caterina sono troppo _____.

- Sara preferisce i film _____, cioè i film degli anni '40, '50 e '60 di _____ come De Sica e Rossellini. Mercoledì in classe ha visto *Ladri di* _____ e le è piaciuto molto, specialmente la scena in cui il padre e il figlio non hanno abbastanza _____ per ordinare spaghetti.

- Caterina è più interessata ai registi contemporanei e al genere _____. Un film che le è piaciuto molto è *Le chiavi* (keys) *di* _____. Un altro che le è piaciuto è *L'ultimo* _____ di Muccino.

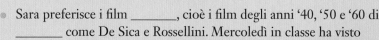

c **Vero o falso?** Indichi se le seguenti frasi sono vere o false secondo il video.

1. Davide compra tre biglietti.
2. Caterina è contenta di vedere Sara arrivare al cinema.
3. Sara ha comprato la rivista per Davide alla farmacia.
4. Hanno girato una parte del primo episodio della serie *Star Wars* in Italia.
5. Clint Eastwood ha girato il suo ultimo film in Italia.
6. Nanni Moretti ha vinto un premio a Cannes nel 1996.
7. Sara ha visto *Ladri di biciclette* lunedì al cinema.
8. La sua scena preferita è quella con la regina Amidala.

Western all'italiana

F ra il 1960 e il 1975 più di 600 film sul tema Far West americano sono stati prodotti in Europa, finanziati soprattutto da compagnie italiane. I critici li consideravano di bassa qualità e li chiamavano "Spaghetti Westerns", ma molti di questi film hanno avuto successo internazionale, con i critici e con il pubblico. Un regista ancora stimato è **Sergio Leone** con la sua *Trilogia del dollaro* (*Per un pugno di dollari*, *Per qualche dollaro in più* e *Il Buono, il Brutto e il Cattivo*) e *C'era una volta il West*.

Dopo aver guardato

d **Una telefonata.** È sabato mattina e un suo amico le telefona per invitarla ad andare al cinema con lui. Risponda a quello che dice.

L'amico: Ciao, come stai?
Tu: _____
L'amico: Niente di speciale. Senti, ti va di andare al cinema stasera?
Tu: _____
L'amico: C'è un nuovo film di Nanni Moretti al Nuovo Sacher.
Tu: _____
L'amico: Ho capito. Non è il genere di film che ti piace di solito.
C'è qualcos'altro che vuoi vedere?
Tu: _____
L'amico: Peccato! L'ho già visto; la settimana scorsa.
Tu: _____
L'amico: Sì, mi è piaciuto abbastanza. Ma per stasera cosa facciamo? Dai!
Lo so che non è il tuo genere, ma andiamo a vedere il film di Moretti lo stesso.
Tu: _____
L'amico: Lo spettacolo comincia alle 21.15. Dove c'incontriamo?
Tu: _____
L'amico: Perfetto! Ci vediamo là alle 9.00.

e **Raccontare una scena.** La scena preferita di Sara del film *Ladri di biciclette* è quella della pizza. Ha una scena preferita di un film? Racconti la scena, usando il passato prossimo e l'imperfetto.

lezione

11

La settimana bianca

COMMUNICATIVE OBJECTIVES

- Make plans for recreation
- Refer to parts of the body
- Express likes and dislikes
- Make polite requests and commands

Courmayeur è una famosa località sciistica della Valle d'Aosta.

**CD2,
Track 17**

Flavia Mellini e Patrizia Carboni, due ragazze torinesi, si incontrano per programmare un breve soggiorno sulla neve.

1   FLAVIA: Allora, Patrizia, andiamo a sciare?

    PATRIZIA: Sì. Ma ho bisogno di un nuovo paio di sci.

    FLAVIA: Ti posso mostrare i miei sci? Se ti piacciono, puoi andare a comprarli dove li ho comprati io.

5   PATRIZIA: Se non costano molto, vanno bene anche per me.

    FLAVIA: Allora sei d'accordo per una settimana bianca al Sestriere?

    PATRIZIA: Certo. In quale albergo andiamo a stare? Trovare un posto a buon prezzo non è facile.

    FLAVIA: Lo so. Tutta la zona è molto cara, ma ho un'idea. Recentemente
10   mio zio ha comprato un appartamento non molto lontano dalle piste. Forse possiamo stare lì per una settimana.

    PATRIZIA: Che fortuna! Perché non gli telefoni allora? Ecco, prendi il mio telefonino.

    FLAVIA: Ma come andiamo, in treno o in macchina?

15   PATRIZIA: Forse possiamo prendere la macchina di mio fratello. Stasera gli chiedo se ce la presta°. Lui, poverino°, si è rotto un braccio due giorni fa e non può guidare.   *lends it to us / poor thing*

    FLAVIA: Mi dispiace, non lo sapevo.

    PATRIZIA: Niente di grave, sono cose che capitano. Ma adesso telefona a tuo zio, così possiamo definire tutto il programma.

20   FLAVIA: Va bene. Dammi il tuo telefonino... Mio zio non risponde. Ora gli lascio un messaggio e noi ci sentiamo stasera. D'accordo?

Domande

1. Perché si incontrano Flavia e Patrizia?
2. Di che cosa ha bisogno Patrizia?
3. Dove può comprare gli sci Patrizia?
4. Dove decidono di andare a sciare le due amiche?
5. Dove pensano di andare a stare?
6. Perché pensano di potere prendere la macchina del fratello di Patrizia?

Domande personali

1. Lei è andato/a a sciare qualche volta? Dove? Con chi?
2. Lei preferisce gli sport estivi o invernali?
3. Lei pensa di andare a sciare presto? Ha bisogno di comprare qualche cosa prima di partire? Che cosa?
4. Le piace andare in montagna o preferisce andare al mare? Perché?
5. Ha la macchina o la moto? Lei presta volentieri la sua macchina o la sua moto a suo fratello, a sua sorella o ad un amico/un'amica?
6. Si è mai rotto/a un piede (*foot*) o un braccio? Quando? Dove?

> Locate Torino on the map on page 12. **Sestriere,** an internationally famous mountain resort, is not far from Torino.

> Young Italians customarily spend **una settimana bianca** in the Alps or Apennines during the winter.

Situazioni

1. Domandi ad un amico/un'amica se gli/le piacciono gli sport.

>> — Ti piacciono gli sport?
— Sì, mi piace sciare e nuotare. (Sì, mi piacciono tutti gli sport. / No, non mi piacciono gli sport. / No, non sono molto sportivo/a.) E a te?

2. Risponda ad un compagno/una compagna che vuole sapere se lei e il suo amico/la sua amica vi sentite spesso.

>> — Tu e il tuo amico/la tua amica vi sentite spesso?
— Sì, ci sentiamo spesso. (No, non ci sentiamo spesso. / Ci sentiamo tutti i giorni. / Ci sentiamo ogni fine settimana.)

Lo sci in Italia

In Italia moltissimi giovani praticano lo sci. D'inverno, intere famiglie approfittano[1] del fine settimana e di periodi di vacanza per passare con piacere qualche giorno sulla neve.

Molte sono le località italiane famose conosciute anche all'estero. Sulle Alpi, hanno fama internazionale il Sestriere, Madonna di Campiglio e Cortina d'Ampezzo. Grazie alla sua posizione vicino a centri sportivi alpini di grande importanza, la città di Torino è stata la sede delle Olimpiadi invernali nel febbraio 2006. Sugli Appennini, nell'Italia centrale, i centri di sci più frequentati sono Campo Felice, Roccaraso e Campo Imperatore, che è situato alle pendici[2] del Gran Sasso, la vetta[3] più alta degli Appennini.

Anche la scuola incoraggia[4] lo studente verso lo sci. Durante l'inverno, "settimane bianche" sulla neve sono organizzate per gli studenti più giovani. In speciali centri sportivi e sotto la guida[5] di maestri di sci[6],

questi giovani vengono a contatto con la neve ed imparano a sciare.

• Si usa fare la settimana bianca nel suo Paese? Quali sono i luoghi preferiti per le vacanze d'inverno?

La settimana bianca in montagna è una buona occasione per incontrarsi con gli amici.

1. *take advantage* 2. *slopes* 3. *peak*
4. *encourages* 5. *guidance* 6. *ski instructors*

Marco_Sc/Shutterstock

Pratica

1. In coppia: Componete un dialogo basato sulle seguenti informazioni:
È una giornata molto calda di agosto a Torino. La temperatura è di 34 gradi
centigradi e lei vuole andare a fare una gita in montagna. Lei telefona ad
un amico/un'amica per sapere se vuole venire in montagna. Non avete la
macchina e quindi decidete di andare in montagna con il treno. Partite alle
11.30 e arrivate alle 12.00. La sera tornate a casa alle 20.00. Presentate il
vostro dialogo alla classe.

2. Usi la fantasia per descrivere in dieci frasi quello che può essere successo
a lei e a un amico/un'amica quando siete andati/e al Sestriere. Dica come
siete andati/e, per quanto tempo, dove avete dormito, che tempo faceva, chi
avete conosciuto e se vi siete divertiti/e facendo qualche cosa.

▶ **Val di Fassa** is a mountain
resort in Trentino-Alto Adige.
Locate this region on the map
on page 12. *Con quali Paesi
stranieri confina questa regione?
Con quali altre regioni italiane
confina il Trentino-Alto Adige?*

Azienda per il Turismo della Val di Fassa

🔊 Vocabolario

Parole analoghe

definire

sportivo/a

lo sport

Nomi

il braccio (le braccia) arm(s)

la fortuna luck, fortune

la neve snow

il paio (le paia) pair

la pista trail

il posto place

il prezzo price

lo sci ski, skiing

il soggiorno stay

il telefonino cell phone

la zona area

Verbi

capitare to happen

incontrarsi to meet each other

nuotare to swim

prestare to lend, loan

programmare to plan; to program

rompere (*p.p.* **rotto**) to break

rompersi (**un braccio**, ecc.) to break (an arm, etc.)

sciare to ski

sentirsi to talk to each other

stare to stay

Aggettivi

breve short

facile easy

grave serious

torinese from Turin

Altre parole ed espressioni

appena as soon as

ci to us

forse perhaps

gli to him

recentemente recently

ti to you

volentieri gladly

dammi give me

a buon prezzo at a good price

fare una telefonata to make a phone call

Che fortuna! What luck!

> **Il braccio** and **il paio** become feminine in the plural: **le braccia, le paia.**

🔊 Pronuncia

CD2, Tracks 18–19

Il suono della combinazione /gn/

In Italian, the letters **gn** are pronounced with a nasal palatal sound much like *ny* in *canyon*. Most English speakers are familiar with this sound in the word **lasagne.**

a Ascolti e ripeta le seguenti parole.

signore	sognare	Bologna	bagno
bisogna	Romagna	gnocchi	spagnolo
lavagna	insegna	lasagne	ingegnere

b **Proverbi.** Ascolti e ripeta i seguenti proverbi.

Beltà e follia, vanno spesso in compagnia.
Beauty and folly often walk hand in hand.

Ogni principio è difficile.
Every beginning is difficult.

🔊 Ampliamento del vocabolario

Il corpo umano

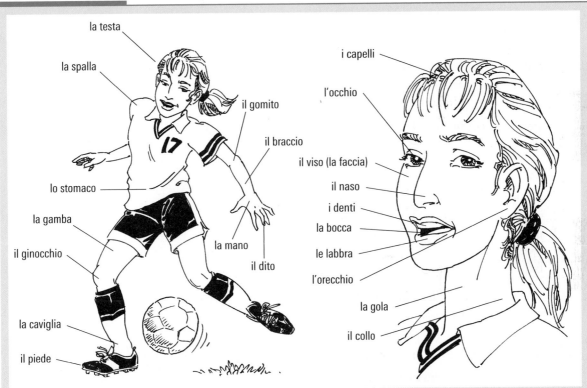

1. Note that **il braccio** and **il dito** are irregular in the plural.

il braccio	le braccia
il dito	le dita

2. Although the noun **mano** ends in **-o,** it is feminine. The plural ending
is **-i: la mano, le mani.** The noun **capelli** (*hair*) is used in the plural
in Italian:

Ho **i capelli** biondi.   *I have blond hair.*

Altre parole ed espressioni

Ti (Le) fa male la testa? Do you have a headache?

Mi fa male la gola. My throat hurts.

Mi fanno male i piedi. My feet hurt.

Mi sono fatto male al piede sinistro (destro). I hurt my left (right) foot.

Ho la febbre. I have a fever.

i capelli biondi (castani, neri, grigi) blond (brown, black, gray) hair

i capelli lunghi (corti) long (short) hair

gli occhi blu (verdi, castani) blue (green, brown) eyes

a **Associazioni.** In coppia: Domandi ad un altro studente/un'altra studentessa quali parti del corpo associa con le seguenti attività fisiche. L'articolo appropriato deve essere usato con le parole.

>> giocare a pallone (*soccer*)

— Quale parte del corpo associ con il giocare a pallone?
— Il piede (i piedi / la gamba / le gambe)…

1. ascoltare la musica
2. suonare la chitarra
3. pensare agli esami
4. vedere uno spettacolo
5. fare una passeggiata
6. parlare con gli amici
7. giocare a tennis
8. mangiare una pizza
9. odorare (*to smell*) un profumo
10. salutare un amico

b **Domande.** In coppia: Domandi al suo amico/alla sua amica perché ieri ha o non ha fatto alcune cose.

>> — Perché ieri non hai potuto pensare a niente?
   — Perché mi faceva male la testa.

1. Perché ieri non sei venuto/a a lezione?
2. Perché ieri non hai mangiato niente?
3. Perché ieri non hai fatto una passeggiata nel parco?
4. Perché ieri sei dovuto/a andare dal dentista?
5. Perché ieri non hai potuto cantare?
6. Perché ieri non hai fatto i compiti?
7. Perché ieri sei stato/a a letto tutto il giorno?
8. Perché ieri non sei andato/a a sciare?

c **Descrizione.** In coppia: Preparate la descrizione di un personaggio storico o celebre usando solo le sue caratteristiche fisiche e personali. Sfidate (*Challenge*) un'altra coppia ad identificarlo.

>> Non era molto giovane. Aveva i capelli neri ed era alto e magro. Aveva un aspetto serio e intelligente. È stato presidente degli Stati Uniti più di cento anni fa. (*Abraham Lincoln*)

Oggetti personali utili

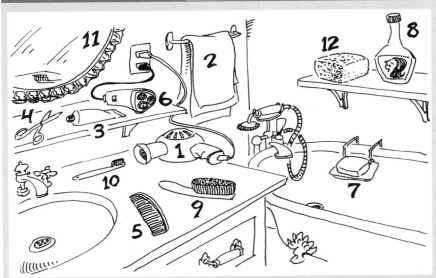

1. l'asciugacapelli (m.)
2. l'asciugamano
3. il dentifricio
4. le forbici
5. il pettine
6. il rasoio (elettrico)

7. il sapone
8. lo shampoo
9. la spazzola per capelli
10. lo spazzolino da denti
11. lo specchio
12. la spugna

Espressioni utili

asciugarsi le mani (la faccia) to dry one's hands (face)

fare/farsi il bagno to take a bath

fare/farsi la doccia to take a shower

guardarsi allo specchio to look at oneself in the mirror

lavarsi i denti to brush one's teeth

lavarsi le mani (la faccia) to wash one's hands (face)

radersi (la barba) to shave (one's beard)

pettinarsi i capelli to comb one's hair

tagliarsi i capelli (le unghie) to cut one's hair (nails)

d **Necessità.** Dica di che cosa lei ha bisogno in queste circostanze.

>> Lei vuole tagliarsi le unghie perché sono molto lunghe.
Ho bisogno delle forbici.

1. Lei deve andare a mangiare e vuole lavarsi le mani.
2. Lei deve uscire subito, ma ha i capelli bagnati (*wet*).
3. Si è messo/a un vestito nuovo e vuole guardarsi per vedere come le sta.
4. Ha finito di mangiare e vuole lavarsi i denti.
5. Desidera tagliarsi i capelli che sono troppo lunghi.
6. Ha la barba lunga e ha bisogno di radersi.
7. Tira vento e i suoi capelli sono in disordine.
8. Ha fatto la doccia e desidera asciugarsi.

e **Cosa portare.** In coppia: Insieme ad un suo amico/una sua amica lei va a passare un fine settimana di ottobre a New York. Per non portare oggetti uguali, decidete quali cose ognuno di voi porta nella borsa da viaggio (*travel bag*).

>> — Allora, per questo fine settimana a New York,
io porto…
— Io invece porto…

Cabine della teleferica che trasportano gli sciatori sulle piste.

nikolpetr/Shutterstock

Struttura ed uso

Pronomi indiretti

— Papà, **mi presti** cinquanta euro?
— Perché?
— Domani è il compleanno della nonna e voglio **farle** un bel regalo.

1. The indirect object of a verb is a person or thing that indirectly receives the action of the verb. Many verbs that imply giving (**dare, offrire, mandare, portare, preparare, regalare**) and verbs of communication (**parlare, dire, domandare, rispondere, telefonare, scrivere, insegnare**) take indirect objects.

> Indirect objects in Italian always use a preposition when stated: usually **a,** but sometimes **per**. Notice that English does not always use a preposition.

Regalo un paio di sci **a Gianluca** e do una camicetta **a Carla.**

I'm giving a pair of skis to Gianluca and I'm giving Carla a blouse.

Scrivo un'e-mail **a mio zio** per vedere se può prestare la macchina **a noi.**

I'll write an e-mail to my uncle to see if he can lend us his car.

2. An indirect object can be replaced by a pronoun. Here are the forms of the indirect-object pronouns.

singolare		plurale	
mi	*to / for me*	ci	*to / for us*
ti	*to / for you*	vi	*to / for you*
gli	*to / for him*	**loro** or **gli**	*to / for them*
le	*to / for her*	loro	*to / for you (formal)*
le	*to / for you (formal)*		

3. Like direct-object pronouns, indirect-object pronouns generally precede
a conjugated verb. In a phrase that includes an infinitive, they attach
to the end of the infinitive. In a phrase with the modal verbs **dovere,
potere,** or **volere,** the pronoun can either precede the conjugated verb
or be attached to the infinitive.

Gli telefono appena torno a casa.	*I'll call him as soon as I get home.*
Ho una cosa importante da chieder**gli**.	*I have something important to ask him.*
Forse **ci** può prestare la macchina.⎫ Forse può prestar**ci** la macchina. ⎭	*Maybe he can lend us his car.*

Indirect-object pronouns follow and combine with **tu, noi,** and **voi**
imperatives but precede the verb in formal commands.

Datemi una mano!	**Mi dia** una mano!	*Give me a hand!*
Digli la verità.	**Gli dica** la verità.	*Tell him the truth.*

4. The indirect-object pronoun **loro** always follows the verb. In conversa-
tional Italian, **gli** is used more commonly than **loro** to mean *to (for) them.*

— Quando hai parlato con i tuoi
genitori?

— Ho parlato **loro** (**Gli** ho parlato)
sabato scorso.

— Come rispondi alle persone
che ti dicono "Buon appetito!"?

— Dico **loro** (**Gli** dico)
"Grazie, altrettanto!"

— *When did you speak to your
parents?*

— *I talked to them last Saturday.*

— *How do you answer people who
wish you "Buon appetito!"?*

— *I tell them, "Thank you, same
to you!"*

> Italians often say **"Buon
> appetito!"** (*"Enjoy your meal!"*)
> at the beginning of a meal.
> The usual response is **"Grazie,
> altrettanto!"**

5. In the **passato prossimo,** the past participle does not agree with a
preceding indirect-object pronoun as it does with direct object pronouns.

— Hai telefonato alla direttrice
della scuola?

— Sì, **le** ho **telefonato.**

— *Did you phone the school
principal?*

— *Yes, I called her.*

6. The following verbs require indirect-object pronouns to specify to whom or
for whom something is done, said, etc. You know most of these verbs already.

chiedere	to ask for	Gli chiedo informazioni.
consigliare	to advise	Non le consiglio questo libro.
dare	to give	Mi ha dato un CD per Natale.
dire	to say	Gli dico "Grazie".
dispiacere	to be sorry; to mind	Le dispiace ripetere?
domandare	to ask	Domandiamo loro dove vanno.
insegnare	to teach	La professoressa ci insegna i pronomi.
mandare	to send	Mando loro un fax.

offrire	to offer	Posso offrirvi un caffè?
parlare	to speak	Le parlavo ieri del viaggio.
prestare	to lend	Mio fratello ci presta la sua macchina.
regalare	to give as a gift	Cosa vi ha regalato la nonna?
rispondere	to answer	Non gli ha risposto ancora?
scrivere	to write	La mia ragazza mi scrive ogni giorno.
spedire	to send	Lei può spedirci il suo curriculum.
spiegare	to explain	Non le posso spiegare perché è così.
telefonare	to call	Gli telefono appena arrivo a casa.

a **Una persona gentile.** Lei è molto gentile ed è sempre pronto/a a prestare le sue cose agli altri studenti del suo dormitorio. Guardi quello che dicono gli altri e poi offra loro uno degli articoli della colonna di destra.

>> Devo radermi la barba.
   Allora ti presto il mio rasoio.

1. Ho voglia di tagliarmi i capelli.   l'asciugamano
2. Andiamo a lavarci i denti.   il dentifricio
3. Patrizia ha le mani sporche. Deve lavarle. il sapone
4. Sergio ha bisogno di fare la doccia.   il rasoio
5. Mi fa male la testa!   il lettore
6. Abbiamo comprato un MP3 e vogliamo   la spazzola
   ascoltarlo.   la maglia di lana
7. Ho i capelli in disordine.   le forbici
8. Mariangela ha freddo.   l'aspirina

b **Varie telefonate.** Lei parte per una settimana bianca, ma ha bisogno di varie cose prima di partire. Dica che telefona alle seguenti persone e che chiede loro le cose indicate.

>> il mio amico / una maglia   Telefono al mio amico e gli chiedo
                                          una maglia.

1. mia sorella / un paio di sci
2. i genitori / soldi
3. la mia amica / una valigia
4. un compagno di scuola / i pantaloni da sci
5. i miei amici / la macchina
6. lo zio / l'appartamento in montagna

c **Risposte.** Risponda alle domande usando pronomi diretti o indiretti.

>> — Parli agli amici?   — Sì, parlo loro. / Sì, gli parlo.
   — Vedi gli amici?   — Sì, li vedo.

1. Scrivi al tuo ragazzo?   5. Hai risposto alla professoressa?
2. Parli a me?   6. Hai mandato le e-mail?
3. Vedi gli altri ragazzi?   7. Hai fatto i compiti?
4. Usi il dentifricio Colgate?   8. Hai telefonato ai tuoi genitori?

d **Conversazione.** In coppia: Parli con un amico/un'amica per sapere se è generoso/a o no. Indichi se lui/lei fa le seguenti cose spesso, ogni tanto o mai.

>> prestare la macchina al tuo amico/alla tua amica
   S1: Presti la macchina alla tua amica?
   S2: Le presto la macchina ogni tanto. / Non le presto mai la macchina.

	spesso	ogni tanto	mai
1. regalare vestiti vecchi ai poveri	_____	_____	_____
2. scrivere e-mail ai tuoi genitori	_____	_____	_____
3. telefonare regolarmente a tua madre	_____	_____	_____
4. offrire aiuto agli altri studenti	_____	_____	_____
5. prestare soldi agli amici	_____	_____	_____
6. dare soldi ai poveri	_____	_____	_____

e **Reazioni.** Dica come lei risponde nelle seguenti situazioni.

>> Le persone le dicono "Grazie".
   Quando le persone mi dicono "Grazie", io rispondo loro "Prego".

1. Le persone le dicono "Buon appetito!"
2. Le persone le domandano "Che ore sono?"
3. Il professore le dice "Capisce?"
4. Sua madre le domanda "Dove vai?"
5. Un amico le dice "Salute!"
6. Un'amica le chiede "Puoi prestarmi 20 dollari?"
7. Gli amici le dicono "In bocca al lupo!"

> **Salute** is said to someone who sneezes. **In bocca al lupo** (*in the wolf's mouth*) is said to wish someone good luck on a test. The usual response is **Crepi il lupo!** (*May the wolf die!*)

f **Un quiz.** Lei è una persona romantica? Faccia il seguente quiz per scoprire se lei è molto o poco romantico/a in amore.

1. Per San Valentino:
   a. gli/le dà un libro di poesie.
   b. gli/le dà una scatola (*box*) di Baci.
   c. gli/le dà una cartolina con Spongebob.

2. Quando non siete insieme:
   a. gli/le telefona cinque volte al giorno.
   b. gli/le telefona una volta al giorno.
   c. gli/le manda un breve messaggino.

3. Quando siete usciti per la prima volta:
   a. gli/le ha parlato di arte e di viaggi.
   b. gli/le ha parlato di sport e della famiglia.
   c. gli/le ha parlato di Pokemon.

4. Quando lui/lei le chiede, "Tu mi ami veramente?":
   a. gli/le risponde, "Con tutto il cuore (*heart*)!"
   b. gli/le risponde, "Sì, perché?"
   c. gli/le risponde, "Sì, come una sorella/un fratello!"

> **Baci** are chocolate-hazelnut candies made by the Perugina company. **Baci** also means *kisses*. **Messagini** are text messages.

Costruzioni con *piacere*

Mi piace gennaio...
e **mi piace** febbraio...
ma non **mi piacciono** i mesi
estivi!

> Practice using **piacere** with items you see around you: **Mi piace la televisione. Non mi piace questa fotografia.** Then do the same with plural items: **Mi piacciono le tue scarpe,** etc.

1. The verb **piacere** expresses the English concept *to like*, but literally means *to be pleasing to* or *to give pleasure to*. In order to say that you like Italian cinema, for example, you must say literally that Italian cinema is pleasing to you. In the following sentence, **il cinema italiano** is the subject of the verb. The person to whom it gives pleasure is the indirect object **mi.**

Mi piace il cinema italiano.   *Italian cinema pleases me. (I like Italian cinema.)*

A plural subject requires a plural verb.

Mi piacciono i film italiani.   *Italian films please me. (I like Italian films.)*

> Remember that **piacere** is almost always used in the third-person singular or plural. To tell someone you like him/her, you can use: **Tu mi piaci.** It is more common to say: **Tu mi sei molto simpatico/a.**

2. When the subject is an infinitive, the singular form of **piacere** is used.

— **Vi piace dormire** in albergo?   — *Do you like sleeping in a hotel?*
— No, **ci piace dormire** nel
   nostro letto.   — *No, we like to sleep in our
   own bed.*

3. When the indirect object of **piacere** is a noun or a disjunctive pronoun, the preposition **a** is used.

— **A Marisa** e **ad Angelo** piace
   sciare?   — *Do Marisa and Angelo like
   to ski?*
— Piace **a lui**, ma **a lei** non piace
   affatto.   — *He likes it, but she doesn't like
   it at all.*

> To say that someone doesn't like something, use **non + piacere: non mi piace** = *I don't like*; **mi dispiace** = *I'm sorry.*

4. Piacere is conjugated with **essere** in the **passato prossimo.** The past participle agrees with the subject.

— Signora, le **è piaciuta** la **sfilata**
   di ieri sera?   — *Did you enjoy the fashion show
   last night, ma'am?*
— Sì, alcuni **vestiti** mi **sono
   piaciuti** molto.   — *Yes, I liked some of the dresses
   very much.*
— Le **sono piaciute** le **creazioni**
   di Versace?   — *Did you like the designs by
   Versace?*
— A me no, ma a mia figlia **sono
   piaciute** molto.   — *I didn't, but my daughter
   liked them a lot.*

g **Cosa piace?** In coppia: Dica se queste cose piacciono o non piacciono alle persone indicate.

>> Mary Poppins / i bambini   S1: A Mary Poppins piacciono i bambini?
                                             S2: Sì, le piacciono. / No, non le piacciono.

1. Jacob Black / i vampiri
2. Bart Simpson / il suo skateboard
3. Braccio di Ferro (*Popeye*) / gli spinaci
4. Serena Williams / giocare a tennis
5. Squidward / suonare il clarinetto
6. i cani / i gatti
7. Pinocchio / le bugie
8. gli studenti universitari / gli esami

h **Perché?** Dica perché le persone non hanno fatto le attività indicate secondo il modello.

>> Gli amici non sono andati in discoteca…
    Gli amici non sono andati in discoteca perché non gli piace (non piace loro) ballare.

1. I miei nonni non hanno viaggiato in aereo perché…
2. La tua amica non ha visitato i musei perché…
3. I suoi genitori non hanno sciato perché…
4. Gli studenti non hanno finito i compiti perché…
5. Voi non siete andati/e al ristorante cinese perché…
6. La zia non ha comprato la camicia di lino perché…
7. Noi non abbiamo preparato la cena perché…

i **In un'agenzia di viaggi.** In gruppi di tre: Uno di voi lavora in un'agenzia di viaggi e deve capire i gusti dei suoi clienti. Gli altri due sono marito (S3) e moglie (S2) che non vanno mai d'accordo. Domandate e rispondete come nel modello.

>> gli alberghi di lusso   S1: Vi piacciono gli alberghi di lusso?
                                    S2: A me piacciono, ma a lui no.

    viaggiare in treno   S1: Vi piace viaggiare in treno?
                                      S3: A me non piace, ma a lei sì.

1. viaggiare in Europa
2. i paesi del Mediterraneo
3. i grandi musei
4. i monumenti storici
5. prendere il sole su una spiaggia tranquilla
6. le crociere (*cruises*)
7. la cucina esotica
8. sciare

j **Al ristorante.** In coppia: Racconti ad un amico/un'amica l'ultima volta che lei è andato/a a mangiare in un ristorante. L'amico/a chiede se le è piaciuto il ristorante e se le sono piaciute le cose che ha ordinato.

>> — Sono andato/a al ristorante...
   — Ah, e ti è piaciuto?
   — Sì, (No, non) mi è piaciuto molto / abbastanza / affatto.
   — E che cosa hai mangiato?
   — Ho ordinato i tortellini, la...
   — I tortellini ti sono piaciuti? ecc.

Le Scuderie del Quirinale a Roma sono un museo
che ospita spesso mostre molto interessanti.

k **I gusti.** In coppia: Con un compagno/una compagna, dica tre cose che piacciono e due cose che non piacciono alle persone indicate.

1. Pina è una ragazza molto romantica e sentimentale. Legge sempre libri tristi ed è sempre con la testa fra le nuvole.

2. Daria è una ragazza che ama le avventure e il pericolo (*danger*). Non rimane mai in un posto per molto tempo. Preferisce essere sempre in movimento.

3. Giorgio e Nadia sono due vegetariani che mangiano sempre prodotti biologici e genuini. Pensano spesso all'ambiente (*environment*) e ai diritti degli animali.

4. Antonio è un signore molto tradizionale e non vuole mai vedere cambiamenti e innovazioni. Preferisce il mondo di cinquant'anni fa.

5. Pietro e Gigi sono due ragazzi moderni e trasgressivi (*rebellious*) che amano solo le cose più recenti e scandalose. Odiano (*They hate*) tutte le cose del passato.

Verbi riflessivi con significato di reciprocità

1. To express reciprocal actions, expressed in English using *each other* and *one another*, Italian uses the reflexive pronouns **ci**, **vi**, and **si** with the plural forms of the verb. As with reflexive verbs, the pronoun generally precedes the verb or is attached to the end of an infinitive.

Flavia e Patrizia **si aiutano** a fare i compiti.	*Flavia and Patrizia help each other with their homework.*
Vi incontrate spesso in biblioteca?	*Do you often meet (each other) at the library?*
Abbiamo bisogno di **vederci.**	*We need to see each other.*

2. Similar to reflexive verbs, reciprocal verbs are conjugated with **essere** in the **passato prossimo.** The past participle agrees with the subject of the verb.

— Dove **si sono conosciuti i** tuoi genitori?	*— Where did your parents meet?*
— Ad una festa. **Si sono innamorati** immediatamente.	*— At a party. They fell in love with each other immediately.*

3. Here are a few common verbs with reciprocal meaning.

aiutarsi	to help each other
amarsi	to love each other
conoscersi	to know each other, to meet *(for the first time)*
incontrarsi	to meet each other *(at a place)*
innamorarsi	to fall in love with each other
odiarsi	to hate each other
parlarsi	to speak to each other
salutarsi	to greet each other
scriversi	to write to each other
sposarsi	to marry each other
vedersi	to see each other

Quando **ci siamo incontrati** la prima volta **ci odiavamo.** Poi **ci vedevamo** piuttosto spesso e ad un certo punto **ci siamo innamorati. Ci sposiamo** a giugno.	*When we met each other for the first time, we hated each other. Then we would see each other fairly often and at a certain point we fell in love with each other. We're getting married (to each other) in June.*

l **Formulare frasi.** Formuli frasi con le parole indicate usando il presente del verbo.

>> noi / incontrarsi / alla mensa universitaria
   Noi ci incontriamo alla mensa universitaria.

1. Paolo e Susanna / scriversi / spesso
2. tu ed io / amarsi / da un anno
3. voi / incontrarsi al bar / venerdì pomeriggio
4. i nostri compagni / vedersi / al Caffè Italia
5. Franco e Mirella / non odiarsi / affatto
6. io ed Alberto / conoscersi / da due anni
7. tu e Stefano / aiutarsi / a studiare la chimica
8. Carla e Vera / vedersi / ogni settimana

m **Informazioni.** In coppia: Chieda ad un compagno/una compagna alcune informazioni sul suo migliore amico/sulla sua migliore amica.

1. Come si chiama il tuo migliore amico/la tua migliore amica?
2. Da quanto tempo vi conoscete?
3. Vi vedete spesso?
4. Vi telefonate ogni giorno?
5. Vi dite tutto quello che vi preoccupa?
6. Vi aiutate quando avete problemi?
7. Vi capite bene?

n **Come ci siamo conosciuti.** Ora racconti al compagno/alla compagna come lei e il suo migliore amico/la sua migliore amica vi siete conosciuti.

>> Ci siamo conosciuti dieci anni fa. Frequentavamo la stessa scuola. Ci parlavamo qualche volta e poi...

o **Una storia d'amore.** Guardi la serie di disegni in basso e racconti la storia di Enzo ed Emilia usando strutture reciproche.

Parliamo un po'

a **Un sondaggio.** In coppia: Lei lavora per una grande ditta (*firm*) che produce prodotti igienici, e fa un sondaggio per conoscere le opinioni dei consumatori. Intervisti un altro studente/un'altra studentessa per sapere i prodotti che preferisce.

Quali prodotti usa: _____

   per lavarsi i capelli _____

   per lavarsi i denti _____

   per radersi (la barba o le gambe) _____

   quando fa il bagno/la doccia _____

Altri commenti: perché sceglie questi prodotti particolari?

_____

b **Che cosa regalare?** In gruppi di tre: Arriva il periodo di Natale e lei deve fare regali (*gifts*) a tre amici o parenti. Dica ai compagni/alle compagne le caratteristiche e gli interessi di ognuno e loro le suggeriscono i regali appropriati per ciascuna di queste persone.

>> S1: Il mio fratellino Pino ha cinque anni ed è molto intelligente. Gli
      piace la matematica.
   S2: Puoi regalargli una calcolatrice!
   S3: Dagli il gioco di "Jeopardy!"

nome, rapporto, età	caratteristiche	gli/le piace/ piacciono	regali appropriati
>> Pino, fratello, 5 anni	intelligente	la matematica	una calcolatrice, il gioco di "Jeopardy"
1. _____ _____ _____	_____	_____	_____ _____
2. _____ _____ _____	_____	_____	_____
3. _____ _____ _____	_____	_____	_____ _____

c **Conosce bene gli amici?** In coppia: Prima, indichi se le piacciono o no le cose della lista. Poi, pensi al suo compagno/alla sua compagna e cerchi di indovinare se a lui/lei piacciono o no. Poi, chieda se ha indovinato o no.

>> sciare   S1: Ti piace sciare.
         S2: Sì, hai ragione. Mi piace. / No, non mi piace per niente.

	io	*lui/lei*
sciare	sì / no	sì / no
le motociclette	sì / no	sì / no
la musica classica	sì / no	sì / no
i campeggi (*camping*)	sì / no	sì / no
viaggiare in aereoplano	sì / no	sì / no
i vestiti firmati	sì / no	sì / no
alzarsi presto la mattina	sì / no	sì / no
i mesi caldi	sì / no	sì / no
il pesce	sì / no	sì / no
parlare al telefonino	sì / no	sì / no
la neve	sì / no	sì / no

d **Sciare in Piemonte.** In coppia: Voi desiderate andare a sciare in Italia e precisamente in Piemonte. Uno di voi, S1, ha cercato informazioni sulla Rete. Adesso S2 fa alcune domande sulle località selezionate. S1 risponde usando le informazioni trovate on-line.

> **Vestiti firmati:** Designer-label clothing, both American and Italian, is very popular among Italian young people.

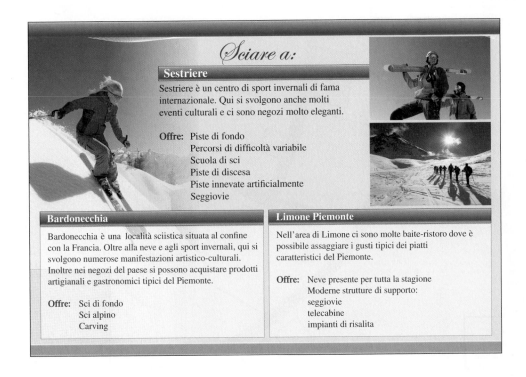

Sciare a:

Sestriere

Sestriere è un centro di sport invernali di fama internazionale. Qui si svolgono anche molti eventi culturali e ci sono negozi molto eleganti.

Offre: Piste di fondo
Percorsi di difficoltà variabile
Scuola di sci
Piste di discesa
Piste innevate artificialmente
Seggiovie

Bardonecchia

Bardonecchia è una località sciistica situata al confine con la Francia. Oltre alla neve e agli sport invernali, qui si svolgono numerose manifestazioni artistico-culturali. Inoltre nei negozi del paese si possono acquistare prodotti artigianali e gastronomici tipici del Piemonte.

Offre: Sci di fondo
Sci alpino
Carving

Limone Piemonte

Nell'area di Limone ci sono molte baite-ristoro dove è possibile assaggiare i gusti tipici dei piatti caratteristici del Piemonte.

Offre: Neve presente per tutta la stagione
Moderne strutture di supporto:
seggiovie
telecabine
impianti di risalita

e **Alla stazione sciistica.**

S1: Lei è appena arrivato/a alla stazione di una famosa località sciistica. Vada all'ufficio informazioni della stazione e

chieda una piantina (*map*) del paese
domandi come trovare l'Albergo Gardena Palace
come arrivare alle piste di sci
se possono consigliare un buon ristorante caratteristico

S2: Lei lavora all'ufficio informazioni della stazione di una località sciistica. Un turista arriva e le fa varie domande. Risponda alle sue domande, usando la piantina (*map*) in basso. Alcune espressioni utili:

girare a destra / a sinistra	*to turn right / left*
andare dritto	*to go straight*
prendere l'autobus	*to take the bus*

↗ **alle piste**
A

Ospedale San Bernardo ✚

Ristorante da Severino Cucina casareccia

Albergo Gardena Palace ★★★★

Ballaclub Discoteca

Fermata Autobus **A**

Piazza della Repubblica

Stazione

Ristorante Forchetta d'oro

V A L   D I   P A S S O

Conoscere l'Italia

a **Definizioni.** Abbini le definizioni con una parola della lista di destra. Ci sono due parole in più nella lista.

1. aggettivo che si riferisce alla *città*
2. abbreviazione di *automobile*
3. viene dopo *primo/a*
4. nome derivato da *abitare*
5. nome che comprende vestiti, gonne, giacche, ecc.
6. aggettivo derivato da *industria*
7. luogo dove ci sono piante verdi e fiori
8. un nome derivato da *importante*
9. una grande città
10. le persone che vivono a Torino

a. la metropoli
b. i torinesi
c. l'abitante
d. industriale
e. secondo/a
f. l'importanza
g. la struttura
h. l'abbigliamento
i. l'auto
j. urbano/a
k. enorme
l. il parco

CD2,
Track 20

Torino

Torino, capoluogo del Piemonte, è il secondo centro industriale italiano dopo Milano. La città, situata nel nordovest d'Italia, ha oggi più di un milione di abitanti. Antica colonia romana, Torino ha una struttura urbana moderna, ampliata e perfezionata dai Savoia nel XVI (sedicesimo) secolo[1]. Grandi vie, ampie[2] piazze e molti parchi verdi sono le caratteristiche di questa metropoli elegante e ricca di attività lavorative e culturali. I negozi più belli e raffinati[3] si trovano sotto i portici di via Roma. E piazza San Carlo, a metà di[4] via Roma, è il luogo dove i torinesi preferiscono incontrarsi.

La città di Torino con l'imponente Mole Antonelliana, originariamente un tempio ebreo costruito nel diciannovesimo secolo.

Dopo la seconda guerra mondiale[5], Torino ha avuto uno sviluppo industriale enorme. Dire Torino è dire FIAT (Fabbrica italiana automobili Torino). L'automobile italiana è nata proprio in questa città nel 1899. Di notevole importanza è anche l'industria tessile e dell'abbigliamento. A Torino, città colta[6], ci sono numerose case editrici[7]. C'è anche una buona università e un altrettanto[8] buon conservatorio musicale. A Torino è pubblicato il giornale *La Stampa,* uno dei più autorevoli quotidiani[9] d'Italia.

▶ Locate Piemonte and Torino on the map on page 12.

▶ The Savoia royal family ruled in Italy from 1860 to 1946.

1. *century*   2. *wide*   3. *refined*   4. *halfway along*   5. *World War II*
6. *learned*   7. *publishing houses*   8. *just as*   9. *influential dailies*

b **Vero o falso?** Indichi se le seguenti frasi sono vere o false secondo il brano precedente. Corregga le frasi false.

1. La prima città industriale d'Italia è Torino.
2. La struttura urbana del capoluogo del Piemonte è moderna.
3. Torino è una città elegante e piena di attività.
4. La Fiat è una grande fabbrica di automobili di Torino.
5. A Torino c'è solo l'industria delle automobili.
6. Il giornale pubblicato a Torino si chiama *La Repubblica*.

· ·

a **Definizioni.** Prima di leggere il seguente brano, abbini le definizioni con una parola della lista di destra. Ci sono due parole in più nella lista.

1. aggettivo derivato da *Alpi*
2. sinonimo di *ostacolo*
3. passaggio sotterraneo sinonimo di *tunnel*
4. aggettivo derivato da *Piemonte*
5. sinonimo di *essere umano*
6. tipo di formaggio
7. un cereale
8. un tipo di vino
9. contrario di *corto/a*
10. contrario di *piccolo/a*

a. lo spumante
b. piemontese
c. la fontina
d. grande
e. lungo/a
f. l'uomo
g. alpino/a
h. il riso
i. accessibile
j. la barriera
k. il fiume
l. la galleria

Il Piemonte

A d ovest e a nord, il Piemonte è circondato dall'arco alpino che divide questa regione dalla Francia e dalla Svizzera. In questa zona, le Alpi rappresentano una grande barriera, ma valichi[1] più o meno accessibili e gallerie scavate[2] dall'uomo permettono il passaggio dal Piemonte ai Paesi oltralpe[3]. La galleria ferroviaria[4] del Frejus, lunga più di 13.000 metri, unisce l'Italia con la Francia, e quella del Sempione, lunga più di 19.800 metri, la unisce con la Svizzera.

1. *mountain passes*   2. *dug*   3. *beyond the Alps*
4. *railroad*

**Un caratteristico vigneto
del Piemonte.**

Sulle Alpi nascono molti fiumi che attraversano[5] il Piemonte. Il più importante è il Po, lungo 652 km (chilometri). Questo fiume che passa per Torino, dopo il Piemonte, bagna[6] anche la Lombardia, l'Emilia-Romagna e il Veneto, e sbocca[7] poi nel mare Adriatico. Uno dei laghi alpini, il pittoresco lago Maggiore, separa il Piemonte dalla Lombardia.

L'abbondanza d'acqua rende la terra piemontese molto fertile. Le risaie[8] intorno a Vercelli e Novara danno la maggiore produzione di riso in Europa. Il Piemonte produce anche buoni vini di fama internazionale. Il Barbera, il Barolo e lo spumante d'Asti sono alcuni dei vini prodotti sulle colline piemontesi.

Questi e altri vini pregiati[9] accompagnano spesso i piatti[10] tipici della regione come la bagna cauda, la fonduta[11] con fontina e il riso con i costosissimi e rinomati tartufi[12] bianchi di Alba.

5. *cross*   6. *runs through*   7. *flows into*   8. *rice fields*   9. *rare*
10. *dishes*   11. *fondue*   12. *truffles*

▶ Can you guess the meaning of *Piemonte*? (Piemonte is a compound word: **piede + monte**.)

▶ On the map on page 10, follow the course of the Po River to the Adriatic. On the same map, find Lake Maggiore.

▶ On a more detailed map of Italy, locate Vercelli, Novara, Asti, and Alba. Alba is famous for its truffles.

▶ **Bagna cauda** is a sauce used as antipasto.

b **Informazioni.** Dia le seguenti informazioni basate sul brano precedente.

1. Paesi stranieri che confinano con il Piemonte
2. due gallerie ferroviarie che uniscono il Piemonte con i Paesi oltralpe
3. il fiume che passa per Torino
4. il lago che divide il Piemonte dalla Lombardia
5. città piemontesi intorno alle quali ci sono molte risaie
6. tre vini piemontesi
7. tre piatti tipici del Piemonte

▶ Videoteca — *Non mi piace per niente la neve!*

Prima di guardare

a **La settimana bianca.** Prendersi una settimana durante l'inverno per andare a sciare è una tradizione per molte famiglie italiane. È anche comune tra gruppi di giovani amici scatenarsi (*go crazy*) insieme in montagna durante le vacanze invernali, un po' come lo *Spring Break* americano. In questo episodio gli amici fanno programmi per una settimana bianca. Quali delle seguenti cose sono argomenti probabili della loro conversazione.

© Cengage Learning

un freddo cane (*bitter cold*)
una bella sauna svedese
fare shopping
le vacanze estive
la neve
andare in biblioteca
lo sci di fondo (*cross-country skiing*)
le piste

una giacca da neve
i pantaloncini corti
la cioccolata calda
sedersi vicino al camino   (*fireplace*)
nuotare
occhiali da sole
rompersi una gamba

Mentre guarda il video

b **Completare le frasi.** Trovi nella colonna sulla destra espressioni che completano le frasi a sinistra.

© Cengage Learning

1. I genitori di Davide hanno invitato…
2. A Massimo piace molto l'idea, ma a Valeria…
3. Valeria non sa…
4. La casa della famiglia di Davide…
5. Valeria trova l'abbigliamento per lo sci…
6. L'anno scorso la cugina di Valeria…
7. Davide suggerisce a Valeria di…
8. Alla fine Valeria accetta…

a. molto ridicolo.
b. di fare una settimana bianca con i suoi amici.
c. sciare tanto bene.
d. si è rotta una gamba.
e. i suoi amici alla loro casa in montagna.
f. prendere lezioni di sci con un bel ragazzo.
g. è a Sestriere, vicino alle piste.
h. non piace moltissimo.

c **Domande.** Risponda alle seguenti domande.

1. Con chi parla al telefono Davide?
2. Perché a Massimo piace andare in montagna d'inverno?
3. Cosa cercano sulla cartina Davide e Massimo?
4. Dov'è la casa di montagna della famiglia di Davide?
5. Cosa suggerisce di fare Massimo vicino al camino?
6. Che cos'è successo alla cugina di Valeria l'anno scorso?
7. Secondo te, perché alla fine Valeria cambia idea e decide di andare in montagna?

Emilio Pucci

Ernst Haas / Getty Images

La leggendaria Diane Vreeland della rivista di moda *Harper's Bazaar* ha "scoperto" Emilio Pucci quando ha visto alcune creazioni originali per lo sci dello stilista fiorentino, indossate da Pucci stesso e da una sua amica. Da quel momento, il "look" dell'abbigliamento per lo sci è cambiato per sempre. Pucci era grande appassionato della neve ed era anche un membro della squadra olimpica italiana di sci nel 1934.

Dopo aver guardato

d Davide, Massimo e Valeria sono tornati dalla vacanza in montagna e raccontano la vacanza a Caterina (che non ci è andata). Come rispondono alle sue domande?

1. Allora vi siete divertiti in montagna?
2. Che tempo faceva?
3. C'era molta neve?
4. Che cosa avete fatto?
5. Massimo, ti è piaciuto Sestriere? E la casa di Davide com'era?
6. Davide, che cosa hai fatto di bello?
7. E Valeria, ti sei divertita? Cos'hai fatto? Hai sciato? Ti è piaciuto? Hai fatto qualche lezione di sci?

e **Ti piace l'inverno?** Con un compagno discutete alcune cose che vi piacciono dell'inverno e cose che non vi piacciono.

lezione

12

Andiamo a vedere la partita?

COMMUNICATIVE OBJECTIVES

- Talk about sports
- Express preferences related to sports
- Talk about future plans and actions
- Express probability in the future
- Discuss past events

Due giocatori, uno dell'Inter
e l'altro della Roma, si
contendono il pallone.

RISORSE

 audio

 video

 www.cengagebrain.com/shop/
ISBN/0495913391

iLrn ilrn.heinle.com

CD2,
Track 22

A Reggio Calabria Alberto Manzini e Daniela Poli fanno programmi per il fine settimana.

1   ALBERTO: Daniela, vieni allo stadio con me domenica! Andiamo a vedere una bella partita di calcio. Che ne dici?

DANIELA: Non so se posso venirci. Chi gioca con la Reggina?

ALBERTO: Il Napoli. Fa' la brava e vieni. Sarà un incontro interessante e
5   spettacolare, ne sono sicuro.

DANIELA: D'accordo. Verrò. Ma ci verranno anche Luciano e i suoi amici?

ALBERTO: Non lo so. Perché?

DANIELA: Sono un gruppo di ragazzi molto simpatici e durante la partita fanno sempre un tifo tremendo per la Reggina. È proprio° un   really
10   divertimento andare allo stadio con loro.

ALBERTO: Sì, però qualche volta esagerano. Fare il tifo per la propria squadra è bello, ma non è necessario insultare o litigare con i tifosi dell'altra squadra.

DANIELA: Hai ragione. Ma dimmi°, a che ora dovremo essere allo stadio?   tell me

15   ALBERTO: Verso l'una. I posti non sono riservati e ci saranno quasi trentamila persone.

DANIELA: Allora bisogna comprare subito i biglietti!

ALBERTO: Eh°, sì. Ci avevo pensato anch'io. Posso comprarli oggi pomeriggio   Well
          da un rivenditore vicino a casa mia.

20   DANIELA: Ah, il denaro! Adesso ne ho poco con me. Ho degli euro. Ne ho solo dieci però. Ti darò il resto domenica pomeriggio. Va bene?

ALBERTO: Non essere sciocca. Pagherò io per tutti e due.

DANIELA: Grazie. Sei sempre molto gentile.

ALBERTO: Allora, questa sera telefono a Luciano e poi ti farò sapere se
25   anche lui verrà allo stadio con noi.

Domande

1. Dove andranno domenica Alberto e Daniela? Chi gioca?
2. Come sono Luciano e i suoi amici?
3. Cosa fanno durante la partita?
4. A che ora dovranno essere allo stadio gli amici? Perché?
5. Chi comprerà i biglietti? Dove li comprerà?
6. Che cosa farà stasera Alberto?

▶ **la Reggina** = name of the Reggio Calabria soccer team. Every major Italian city has a professional soccer team, and large cities such as Turin, Milan, and Rome have two teams.

▶ **il Napoli:** The article **il** is used to indicate the name of the Naples soccer team.

Domande personali

1. Che programma ha fatto lei per il fine settimana?
2. Si giocano (*Are . . . played*) partite di calcio o di football nella sua città?
3. Preferisce assistere ad un incontro di calcio, ad una partita di tennis o ad una di baseball?
4. A lei piace andare allo stadio o preferisce vedere le partite alla televisione?
5. Per quale squadra di calcio (pallacanestro / hockey / baseball) fa il tifo lei?

Situazioni

1. Inviti un compagno/una compagna ad andare con lei ed altri amici in qualche luogo.

   >> — Verrai allo stadio (in discoteca / a mangiare una pizza / alla partita di pallacanestro) con noi?
   — Sì, volentieri. (Mi dispiace, ma non posso. / Forse. Vi telefonerò. / Dipende dai miei impegni. / Perché no?)

2. Domandi ad un amico/un'amica se ha fatto programmi per il futuro.

   >> — Hai fatto programmi per il fine settimana (le vacanze / l'estate prossima)?
   — Sì, uscirò (farò una gita / andrò al mare) con gli amici.

© Andrea Merola / Corbis

Venezia: In una domenica di primavera le strade della città ospitano una gara di maratona.

Gli sport in Italia

In Italia parlare di sport significa discutere spesso di calcio. Il calcio è lo sport e il passatempo nazionale per nove mesi all'anno, da settembre a giugno. Durante questo periodo molti italiani passano la sera o il pomeriggio allo stadio o davanti al televisore per vedere la partita e fare il tifo per la propria squadra. Il calcio è stato sempre uno sport per uomini, ma oggi molte donne seguono con interesse questo sport e vanno spesso allo stadio. Da qualche anno si sono formate anche squadre di calcio femminili, che a livello semiprofessionale ricevono molta attenzione da parte del pubblico italiano.

Il secondo sport più popolare è il ciclismo[1]. I giovani specialmente praticano questo sport con passione durante i mesi caldi dell'anno, fra maggio e settembre. Ogni anno poi il Giro d'Italia[2] attrae[3] l'interesse della gente e della stampa[4] nazionale ed estera[5]. Molti ciclisti italiani e stranieri partecipano a questa corsa[6] ciclistica, che inizia verso la metà di maggio e dura circa venti giorni. Facendo tappa[7] in differenti città italiane, ogni anno il Giro attraversa tutta la penisola e porta con sé un'atmosfera di allegria e di gioventù.

- Chi pratica principalmente il calcio nel suo paese?
- Il ciclismo è uno sport popolare? Ci sono gare (*competitions*) di ciclismo nel suo paese?

Una corsa di biciclette attraversa la città di Roma.

Tony Gentile / Reuters / Landov

1. *bicycle racing*   2. *Tour of Italy*   3. *attracts*   4. *press*
5. *foreign*   6. *race*   7. *pausing*

Pratica

1. In coppia: Lei ha intenzione di andare alla partita di calcio con un amico/un'amica, ma ancora non ha potuto comprare i biglietti. Chieda all'amico/a di comprarli e dica che gli/le darà i soldi quando lo/la vedrà.

2. In coppia: Lei ha due biglietti per la partita di domenica prossima, ma altri impegni non le permettono di andare allo stadio. Allora lei telefona ad un amico/un'amica, gli/le offre i biglietti e gli/le spiega perché non può andare a vedere la partita.

Vocabolario

Parole analoghe

il baseball
dipendere (da)
esagerare
il gruppo
l'hockey
interessante
insultare
il resto
riservato/a
spettacolare
tremendo/a

Nomi

il calcio   soccer
il denaro   money
il divertimento   fun
l'impegno   commitment, obligation
l'incontro   game, match (sports)
la partita   game

le persone   people, persons
il posto   seat
il rivenditore   dealer, seller
la squadra   team
il tifoso   fan

Aggettivi

proprio/a   one's own
sciocco/a   foolish

Verbo

litigare   to quarrel, fight

Altre parole ed espressioni

fare il bravo/la brava   to be good
fare programmi   to make plans
fare (il) tifo   to root, cheer
fare sapere   to let know
per tutti e due   for both
ci   there, about it
ne   about it, of it, of them

> **Il denaro = i soldi:** Both terms are used, but **i soldi** is more common.

> **Partita** and **incontro** can be used interchangeably when talking about sports: **una partita (un incontro) di calcio.**

Pronuncia

I suoni della /z/

CD2, Tracks 23–24

The sounds of the letters **z** and **zz** are pronounced two ways in Italian: **/ts/** as in the English word *cats*, and **/ds/** as in *fads*. As the first letter of a word, **z** is pronounced like **/ds/**. In any other position, when followed by **-ia, -ie,** or **-io, z** is pronounced like **/ts/**. When not followed by these combinations, **z** is pronounced in some words like **/ts/** and in other words like **/ds/**. Double **zz** is generally pronounced as **/ts/**.

a   Ascolti e ripeta le seguenti parole.

zia	palazzo	romanzo	tramezzino
negozio	ragazza	pranzo	pezzo
nazionale	piazza	vacanza	Abruzzo
senza	mezza	danza	specializzato

b   **Proverbi.** Ascolti e ripeta i seguenti proverbi.

Non c'è rosa senza spine.
There is no rose without thorns.

La bellezza è il fiore, ma la virtù è il frutto della vita.
Beauty without virtue is a rose without fragrance. (Literally: Beauty is the flower, but virtue is the fruit of life.)

🔊 Ampliamento del vocabolario

Gli sport

lo sci   il pattinaggio   il nuoto   la vela   il ciclismo

il tennis   la pallacanestro   il calcio   l'equitazione   la corsa

Espressioni utili

il concorso   contest

la gara   competition

correre   to run

nuotare (al lago, al mare, in piscina)   to swim (in the lake, in the sea, in a pool)

pattinare   to skate

sciare   to ski

andare a cavallo   to go horseback riding

andare in barca   to go sailing

andare in bicicletta   to ride a bike

fare le gare   to compete

fare lo sport   to engage in sports

fare l'alpinismo   to go mountain climbing

giocare al calcio (a pallone)   to play soccer

giocare a pallacanestro (a pallavolo, a baseball, a hockey)   to play basketball (volleyball, baseball, hockey)

praticare la vela   to sail

▶ Describe what the people in the drawings are doing, using the **Espressioni utili** below.

a **Associazioni.** In coppia: A turno, domandate quali sport possono essere associati con le seguenti cose.

>> — Quale sport associ con la piscina?
— Il nuoto.

1. la montagna
2. il cavallo
3. il mare
4. la neve
5. il lago
6. lo stadio
7. il freddo e il ghiaccio (*ice*)
8. le gomme (*tires*), i freni (*brakes*) e i pedali

b **Gli sport.** Domandi ad alcuni studenti se e quando praticano i seguenti sport.

>> — Pratichi il ciclismo?
— Sì, lo pratico. / No, non…
— Quando lo pratichi?
— In primavera e d'estate.

1. l'equitazione
2. il nuoto
3. l'alpinismo
4. il pattinaggio
5. la vela
6. lo sci
7. il calcio
8. la pallavolo
9. il tennis
10. la pallacanestro

c **Intervista.** In coppia: Intervisti un compagno/una compagna e gli/le chieda quali sono i suoi interessi sportivi.

1. Fai qualche sport? Quali sport pratichi?
2. Quale sport preferisci? Perché?
3. Ti piace pattinare? Dove vai a pattinare?
4. Sei andato/a a cavallo qualche volta? Dove?
5. Preferisci nuotare al lago, al mare o in piscina?
6. Sei mai andato/a a vedere una partita di calcio? Dove?
7. Vai in barca qualche volta? Dove? Vai da solo/a o con gli amici?
8. Hai mai scalato una montagna? Quale?
9. Hai mai fatto qualche gara sportiva? In quale sport?

d **Descrizioni.** In gruppi di tre o quattro: Preparate brevi descrizioni di cinque personaggi sportivi. Poi, leggendo ogni descrizione, fate identificare i personaggi da un altro gruppo di studenti.

Struttura ed uso

Futuro semplice

Sono sicura che ti **piacerà** Alberto. Lo **troverai** molto divertente!

1. The future tense is used to talk about future actions. In English, the future is usually expressed with the auxiliary *will* or with *to be going to.* In Italian, the simple future tense consists of one word.

Daniela e Alberto **andranno** alla partita di calcio.	*Daniela and Alberto are going to go to the soccer game.*
Alberto **dovrà** comprare i biglietti una settimana prima.	*Alberto will have to buy the tickets a week ahead.*
Come al solito **sarà** un incontro spettacolare.	*As usual, it will be a spectacular match.*
Sono sicuro che **ci divertiremo.**	*I'm sure we'll have fun.*

2. The future is formed by dropping the final **-e** from the infinitive and adding the endings **-ò, -ai, -à, -emo, -ete, -anno.** In **-are** verbs, the **a** of the infinitive changes to **e.** Notice that the endings are the same for all verbs.

	comprare	prendere	partire
io	comprer**ò**	prender**ò**	partir**ò**
tu	comprer**ai**	prender**ai**	partir**ai**
lui/lei	comprer**à**	prender**à**	partir**à**
noi	comprer**emo**	prender**emo**	partir**emo**
voi	comprer**ete**	prender**ete**	partir**ete**
loro	comprer**anno**	prender**anno**	partir**anno**

3. Verbs ending in **-care** and **-gare** add an **h** to the future tense stem after the **c** or **g** in order to retain the hard sound. Verbs ending in **-ciare** or **-giare** drop the **i** from the ending.

Le due squadre **giocheranno** con vigore.	*The two teams will play with all their might.*
Quando mi **ripagherai** il biglietto?	*When are you going to pay me back for the ticket?*

L'incontro **comincerà** all'una
e mezzo.

The match will begin at one-thirty.

Dopo la partita **mangeremo**
da Luciano.

*After the game we are eating
at Luciano's.*

> Remember the spelling change
> necessary in present tense
> **-care** and **-gare** verbs.

4. The following verbs have irregular future stems. Their endings are regular.

infinito	tema del futuro	futuro semplice
andare	**andr-**	andrò, andrai...
avere	**avr-**	avrò, avrai...
bere	**berr-**	berrò, berrai...
dare	**dar-**	darò, darai...
dovere	**dovr-**	dovrò, dovrai...
essere	**sar-**	sarò, sarai...
fare	**far-**	farò, farai...
potere	**potr-**	potrò, potrai...
sapere	**sapr-**	saprò, saprai...
stare	**star-**	starò, starai...
vedere	**vedr-**	vedrò, vedrai...
venire	**verr-**	verrò, verrai...
volere	**vorr-**	vorrò, vorrai...

> Notice that many of these
> verbs simply drop a vowel from
> their infinitive ending to form
> the future stem: **andare, andr-;**
> **avere, avr-;** etc.

5. The future tense is used to talk about future actions and intentions and to predict future actions. The present tense is also used to talk about future actions, especially if they are certain or about to happen.

Se possibile **andremo** a trovare
nostra zia fra qualche mese.

*If possible we'll go visit our
aunt in a few months.*

Sono sicura che la nostra squadra
vincerà il prossimo campionato.

*I'm sure our team will win
the next championship.*

Sabato **andiamo** a cavallo. **Vieni**
anche tu?

*On Saturday we're going horseback
riding. Are you coming too?*

Comprami il biglietto e ti **pago**
domani.

*Buy me a ticket and I'll pay you
tomorrow.*

6. The future tense is also used in Italian to guess or conjecture about circumstances in the present. This use of the future is called future of probability.

— Di chi è questo zaino?

— **Sarà** di Fulvio.

— Whose backpack is this?

— It's probably Fulvio's.

— Quanti anni ha il tuo professore?

— Non so! **Avrà** almeno
quarant'anni.

— How old is your professor?

*— I don't know! He must be at
least forty.*

— Che ore **saranno?**

— **Saranno** le dieci.

— What time do you think it is?

— It must be around ten.

7. The future tense is used after **quando** (*when*), **appena** (*as soon as*), and **se** (*if*) when the action of the main verb takes place in the future. In English, the present tense is used in parallel situations.

Quando **andremo** in montagna, staremo all'albergo Principe Vittorio.   *When we go to the mountains, we'll stay at the Hotel Principe Vittorio.*

Le telefonerò appena **arriveremo**.   *I'll call you as soon as we arrive.*

Se gli altri **porteranno** i loro sci, io porterò i miei.   *If the others bring their skis, I'll bring mine.*

a **Cosa faranno?** Dica quello che le seguenti persone faranno domenica.

>> noi / andare a sciare
    Domenica noi andremo a sciare

1. i miei fratelli / giocare al calcio
2. un mio amico / pattinare nel parco
3. io / andare a cavallo
4. mia sorella / praticare la vela
5. voi / fare l'alpinismo
6. tu / assistere ad un concorso di equitazione
7. mio padre ed io / vedere la partita alla televisione
8. mia zia / volere giocare a tennis

b **Lo farò domani!** È sabato, e oggi lei non ha voglia di fare niente. Farà tutto domani, o forse dopodomani o la settimana prossima... Risponda alle domande e dica quando farà ogni cosa.

>> Hai spedito le lettere?
    Non ancora. Le spedirò domani (dopodomani, ecc.).

1. Hai chiamato i tuoi genitori?
2. Hai letto l'articolo sulla rivista?
3. Hai studiato la lezione d'italiano?
4. Hai finito i compiti di matematica?
5. Sei andato/a al supermercato?
6. Hai fatto gli acquisti per la festa?
7. Hai dato gli appunti agli amici?
8. Hai incontrato la professoressa d'inglese?

c **Conversazione.** In coppia: Un compagno/Una compagna vuole sapere se lei farà le seguenti cose il prossimo fine settimana. Risponda che le farà se succederanno le cose indicate.

>> andare alla partita / se trovare un biglietto
    — Andrai alla partita?
    — Sì, andrò alla partita se troverò un biglietto.

1. fare una passeggiata / se fare bel tempo
2. mangiare in un ristorante elegante / se avere i soldi
3. parlare con i tuoi genitori / se loro essere a casa
4. vedere un film / se tu venire con me al cinema
5. andare ad una festa / se gli amici invitarmi
6. divertirti / se non dovere studiare troppo

d **Domande.** In coppia: Risponda alle domande con il futuro di probabilità.

>> S1: Che ore sono?
  S2: Saranno le undici e mezzo.

1. Cosa c'è in quello zaino?
2. Quanti studenti ci sono in quest'università?
3. Qual è la data di oggi?
4. Quanti dollari hai con te?
5. Quanti anni ha la professoressa/il professore?
6. Quando è il prossimo quiz?
7. Di chi è quello zaino?
8. Dove abita quel ragazzo?

e **Che programma sarà?** È domenica e tutti i canali televisivi trasmettono programmi sportivi. Mentre lei cambia canale, sente alcune frasi. Lei si chiede: Che tipo di programma sarà? Sarà un programma sul tennis, sul pattinaggio?...

1. Ecco! Finalmente siamo arrivati alla vetta (*peak*)!
2. Siamo al diciottesimo giorno del Giro d'Italia e i partecipanti cominciano a sentire la fatica (*hardship*) di questa corsa tanto difficile.
3. Gol!!!
4. Dopo le finali emozionanti dello slalom gigante vi porteremo alle piste secondarie per vedere un'altra gara molto contesa (*contested*).
5. Con il caldo inaspettato, il ghiaccio si scioglie (*the ice is melting*) e non ci sarà nessun record oggi.
6. È una bellissima giornata qui sulla spiaggia di San Remo e fra pochissimo tempo s'incontreranno due squadre che sembrano quasi imbattibili.
7. Fa il primo salto in perfetta forma. Ma il fantino cade. È caduto il fantino! Il cavallo continua a correre!
8. E la vincitrice esce dalla piscina...

f **Cose da fare.** In coppia: Dica ad un compagno/una compagna le seguenti cose:

tre cose che lei farà il prossimo fine settimana
tre cose che lei farà durante le prossime vacanze
tre cose che lei farà appena finirà l'università
tre cose che lei dovrà fare domani
tre cose che lei non farà mai

g **Quando avrò i soldi.** In coppia: Lei ha vinto un milione di euro alla lotteria ma dovrà aspettare due mesi prima di ricevere i soldi. Dica ad un amico/un'amica cinque cose che farà appena avrà i soldi.

>> Appena avrò i soldi, comprerò... , andrò... , darò... , ecc.

h **Come sarà il mondo.** In gruppi di tre: Secondo voi, come sarà il mondo fra cinquant'anni? Discutete le seguenti domande nel vostro gruppo, usando il futuro dove appropriato.

1. Ci sarà la pace (*peace*) nel mondo o ci saranno più guerre (*wars*)? Dove? Fra quali paesi?
2. Quali saranno le nazioni più importanti fra cinquant'anni?
3. Le donne avranno più potere (*power*) politico ed economico fra cinquant'anni? Ci sarà una donna presidente degli Stati Uniti?
4. L'Europa unita sarà più grande? Quale sarà la lingua dominante?
5. Troveranno una cura per l'AIDS? Per il cancro (*cancer*)? Per il raffreddore (*cold*)?
6. La gente guiderà macchine elettriche? Ci saranno nuovi mezzi di trasporto? Quali?
7. Le persone si vestiranno come oggi? Come cambierà la moda?
8. Quale sarà lo sport più popolare?
9. Come cambierà la vostra università? Sarà più grande? Costerà di più?

Trapassato

Quando gli altri sono arrivati al traguardo,… Alberto **era** già **arrivato** da cinque minuti!

1. The **trapassato** is used to talk about an action that *had taken place* before another past event. The more recent past event may be expressed in the **passato prossimo** or the **imperfetto.**

Non voleva mangiare con noi perché **aveva** già **mangiato** a casa.	*He didn't want to eat with us because he had already eaten at home.*
Non mi **ero** ancora **svegliata** quando tu hai telefonato alle otto.	*I hadn't woken up yet when you called at eight o'clock.*
Già nel 1348 Giovanni Boccaccio **aveva scritto** varie opere.	*By 1348 Giovanni Boccaccio had already written several works.*
Quando Alberto Tomba aveva trent'anni, **aveva** già **vinto** tre medaglie olimpiche.	*When Alberto Tomba was thirty, he had already won three Olympic medals.*

2. The **trapassato** is formed with the imperfect of the auxiliary verb *avere* or *essere* + *the past participle*. As in the **passato prossimo,** the past participle agrees with the subject when the verb is conjugated with *essere.*

	dire	arrivare
io	avevo detto	ero arrivato/a
tu	avevi detto	eri arrivato/a
lui/lei	aveva detto	era arrivato/a
noi	avevamo detto	eravamo arrivati/e
voi	avevate detto	eravate arrivati/e
loro	avevano detto	erano arrivati/e

i **Non l'avevano mai fatto.** Dica che le persone indicate non avevano mai fatto certe cose prima, come nel modello.

>> Ieri mia sorella ha visto una partita di calcio.
    Non aveva mai visto una partita di calcio prima.

1. Sabato scorso i miei genitori sono andati a sciare.
2. Ieri i due amici sono arrivati a lezione in orario.
3. Domenica io sono andato/a a cavallo.
4. Il mese scorso mia nonna ha usato il computer.
5. Ieri il dentista mi ha fatto male.
6. Giovedì la professoressa ha cancellato la lezione.
7. Stamattina hai giocato a pallavolo.
8. Una settimana fa gli studenti hanno visto un film italiano.

j **Alle otto.** In coppia: Domandi ad un amico/un'amica se stamattina alle otto aveva già fatto queste cose.

>> svegliarsi   S1: Stamattina alle otto ti eri già svegliato/a?
                  S2: Sì, mi ero già svegliato/a. / No, non mi ero ancora
                      svegliato/a.

1. alzarsi dal letto
2. fare la prima colazione
3. prendere il caffè
4. parlare con qualcuno
5. vestirsi
6. lavarsi i denti
7. uscire

▶ Remember that in compound forms, the past participles of verbs conjugated with *essere* agree with the subject.

k **Cose fatte.** Domandi ad un compagno/una compagna tre cose che aveva già fatto a quindici anni e tre cose che non aveva ancora fatto.

>> S1: Che cosa avevi già fatto o non avevi ancora fatto a quindici anni?
S2: Quando avevo quindici anni, avevo già imparato a guidare, ero già andato/a all'estero e avevo già finito la scuola media. Non avevo ancora …

l **Descrizione.** Completi la descrizione, mettendo i verbi tra parentesi nel passato prossimo o nel trapassato, secondo il contesto.

Ieri sera una mia amica (1. preparare) _____ una cena per alcuni amici che lei (2. conoscere) _____ all'università. Purtroppo, la cena (3. andare) _____ male perché tutti gli invitati (4. avere) _____ problemi durante il giorno. Francesco (5. arrivare) _____ di cattivo umore perché (6. discutere) _____ con la ragazza. Io (7. arrivare) _____ tardi perché il mio direttore mi (8. dare) _____ molto lavoro da fare alle tre del pomeriggio. Cecilia non (9. venire) _____ perché (10. rompersi) _____ un braccio mentre sciava.

m **Avvenimenti storici.** In coppia: Decidete quale avvenimento storico è accaduto prima. Combinate le due frasi mettendo un verbo al passato prossimo e l'altro nel trapassato, secondo le date degli avvenimenti.

> ▸ A few dates to help you:
> Dante Alighieri (1265–1321),
> Giuseppe Garibaldi (1807–1882),
> Benito Mussolini (1883–1945),
> Cristoforo Colombo (1451–1506),
> Marco Polo (1254–1324).

>> Cristoforo Colombo ha scoperto (*discovered*) il nuovo mondo. / È nato Michelangelo.

Quando Cristoforo Colombo ha scoperto il nuovo mondo, Michelangelo era già nato.

1. Dante ha scritto *La Divina Commedia*. / Shakespeare ha scritto *Giulietta e Romeo*
2. Garibaldi ha unificato l'Italia. / Gli Stati Uniti si sono separati dall'Inghilterra.
3. Il Presidente Kennedy è morto. / Neil Armstrong ha messo piede sulla luna.
4. È cominciata la seconda guerra mondiale. / Mussolini è morto.
5. Cristoforo Colombo ha portato i pomodori dalle Americhe. / Marco Polo ha portato gli spaghetti dalla Cina.

Il pronome *ne* e l'avverbio *ci*

Mi sono ricordato che ti piace il peperoncino piccante. **Ne** ho messo abbastanza?

1. The pronoun **ne** (*of it, of them*) is used when referring back to a phrase introduced by the partitive or the preposition **di,** or a complete idea meaning *about* or *of* a certain thing.

> Note that English often omits *of it* and *of them*, whereas Italian requires the use of **ne**.

— Avete comprato **del pane?**	— *Did you buy some bread?*
— Sì, **ne** abbiamo comprato.	— *Yes, we bought some (of it).*
— Desidera **delle carote?**	— *Do you want some carrots?*
— Sì, **ne** prendo un chilo.	— *Yes, I'll take a kilo (of them).*
— Discutete spesso **di politica?**	— *Do you often discuss politics?*
— No, non ci piace parlar**ne.**	— *No, we don't like to talk about it.*
— Ma sei sicura che la partita è domani?	— *Are you sure the game is tomorrow?*
— Sì, sì; **ne** sono sicura.	— *Yes, I'm sure (of it).*

2. **Ne** is also used to replace a direct object introduced by a number or an expression of quantity.

> Remember that **Quanti anni ha?** means *How many years does he have?* The answer means literally *He has almost thirty (of them)*.

— Quanti **anni** ha lui?	— *How old is he?*
— **Ne** ha quasi **trenta.**	— *He's almost thirty.*
— Desidera **dei** fagiolini?	— *Would you like some green beans?*
— Sì, **ne** prendo un po'.	— *Yes, I'll take some.*

If this occurs in the **passato prossimo,** the past participle agrees with the noun that it refers to.

— Quanti **MP3** avete comprato?	— *How many MP3s did you buy?*
— **Ne** abbiamo comprati sei.	— *We bought six (of them).*

3. The adverb **ci** (meaning either *here* or *there*) is used to refer to a previously mentioned place, particularly a phrase preceded by **a, da,** or **in.** Its position in a sentence is that of a direct-object pronoun.

— Vai spesso **dal dentista?**	— *Do you often go to the dentist?*
— Sì, **ci** vado tre volte all'anno.	— *Yes, I go (there) three times a year.*
— Volete venire **alla partita?**	— *Do you want to come to the game?*
— No, non possiamo venir**ci.**	— *No, we can't come (there).*
— Sei mai stato **in Alaska?**	— *Have you ever been to Alaska?*
— Sì, **ci** sono andato da piccolo.	— *Yes, I went there when I was small.*

4. Ci is also used to replace **a** + *phrase* after the verbs **pensare, credere,** and **riuscire** (*to succeed in, manage to*).

> — Pensi **alla tua ragazza**?
> — Sì, **ci** penso.

> — *Are you thinking about your girlfriend?*
> — *Yes, I'm thinking about her.*

> — Credi **all'oroscopo**?
> — No, veramente non **ci** credo.

> — *Do you believe in the horoscope?*
> — *No, I really don't believe in it.*

> — Sei riuscita **a pattinare** senza cadere?
> — Sì, **ci** sono riuscita con grande difficoltà.

> — *Did you manage to skate without falling?*
> — *Yes, I managed (to do it) with great difficulty.*

> ▶ **Riuscire** is conjugated like **uscire** and uses **essere** as its auxiliary verb: **Non riesco a... Siamo riusciti a...**

n **Risposte.** Risponda con **ne** e un numero alle seguenti domande.

>> — Quanti fratelli ha?
    — Ne ho due. / Non ne ho.

1. Quante sorelle ha?
2. Quanti cugini ha?
3. Quante lezioni ha oggi?
4. Quante lingue parla?
5. Quanti corsi segue questo semestre?
6. Quanti compagni/Quante compagne di camera ha?
7. Quanti anni ha?
8. Quanti anni aveva quando ha imparato a guidare?

o **Domande.** Chieda ad un altro studente/un'altra studentessa se ha alcuni degli oggetti indicati.

>> canzoni italiani   S1: Hai delle canzoni italiane?
                        S2: Sì, ne ho molti / pochi / due. / No, non ne ho.

1. giornali italiani
2. libri di poesie
3. fotografie della tua famiglia
4. scarpe italiane
5. amici che parlano italiano
6. animali domestici
7. riviste di moda
8. esami questa settimana
9. indirizzi e-mail

p **Quando ci vai?** In coppia: Chieda ad un altro studente/un'altra studentessa se va spesso, mai, qualche volta, sempre, ecc., nei seguenti luoghi. Chi risponde deve usare **ci** nelle risposte.

>> da McDonald's   S1: Vai spesso da McDonald's?
                     S2: Sì, ci vado spesso / qualche volta / una volta al mese, ecc. / No, non ci vado mai.

1. dal dentista
2. a sciare
3. alla palestra (*gym*)
4. ai ristoranti cinesi
5. al cinema
6. in discoteca
7. al supermercato
8. alle partite di pallacanestro
9. ai concerti

q Risposte. Risponda alle seguenti domande, sostituendo i pronomi **ne** o **ci** alle parole in corsivo.

— Ha bisogno *di aiuto*?   — Sì, ne ho bisogno. / No, non ne ho bisogno.
— Riesce *a capire la*   — Sì, ci riesco facilmente. / No, non ci riesco.
  grammatica?

1. Lei discute *di politica* con i suoi amici?
2. Ha voglia *di un cappuccino* adesso?
3. Pensa spesso *alle vacanze estive*?
4. Ha bisogno *di aiuto con la grammatica*?
5. Crede *agli extraterrestri*?
6. Parla mai *di sport*?
7. Riesce *ad arrivare sempre puntuale a lezione*?
8. Ha bisogno *di soldi*?
9. È mai stato/a *in Sardegna*?

r Ci sei mai stato? Chieda ad un altro studente/un'altra studentessa se è mai stato/a in questi luoghi. Se risponde di sì, gli chieda in quali circostanze.

>> in Italia   S1: Sei mai stato/a in Italia?
                S2: No, non ci sono mai stato/a, ma vorrei andarci. /
                    Sì, ci sono stato/a.
                S1: Quando ci sei andato/a? (Con chi? Perché? Ti è
                    piaciuta?, ecc.)

1. in Africa   6. alle Cascate del Niagara
2. in Australia   7. a Pompei
3. sulla Statua della Libertà 8. a Las Vegas
4. in elicottero   9. in Messico
5. a Disney World   10. all'Hard Rock Café

iLrn Complete the diagnostic tests to check your knowledge of the vocabulary and grammar structures presented in this chapter.

Giovani allo stadio fanno il tifo per la squadra nazionale italiana.

Oliver Berg / dpa / Landov

Parliamo un po'

a **Chi saranno?** In gruppi di tre o quattro: Guardate le persone in queste foto e cercate di stabilire l'identità di ciascuna: Come si chiamerà? Di dove sarà? Quanti anni avrà? Che tipo di lavoro farà?

©David Hanover / Corbis

©Sandro Vannini / Corbis

©Bob Krist / Corbis

b **Credi all'oroscopo?** In coppia: Legga l'oroscopo della settimana. Poi chieda ad un compagno/una compagna il suo segno zodiacale e gli/le prepari un oroscopo per la prossima settimana.

OROSCOPO DELLA SETTIMANA

Sarà una settimana interessante, ricca di novità in diversi settori della tua vita. Riuscirai a superare un ostacolo che ti preoccupa da molto tempo.

Lavoro: Inizierà un bellissimo periodo, che potrà avere anche interessanti sviluppi sotto il profilo economico. Non potrete contare troppo sull'aiuto degli altri: dovrete riuscire a fare da soli. Novità in vista per i più giovani alla ricerca di lavoro: troveranno quello che cercano.

Amore: Sarete straordinariamente comunicativi e passionali sul piano affettivo e questo vi porterà vantaggi nel rapporto di coppia. Non mancheranno le avventure, per i single, e non solo… Tutto quello che avete sempre desiderato ottenere in amore ma non avete mai avuto il coraggio di chiedere, sarà possibile avere in questo periodo speciale.

Ariete	Toro	Gemelli
Cancro	Leone	Vergine
Bilancia	Scorpione	Sagittario
Capricorno	Acquario	Pesci

c **Andiamo alla partita?** C'è la possibilità di assistere a eventi sportivi nella vostra scuola o nella vostra città? Lei fa il tifo per la squadra locale e venerdì sera c'è la partita. Chiami un compagno/una compagna per invitarlo/la a questo incontro eccezionale.

>> — Ti piace la pallacanestro?
— Sì, la mia squadra preferita è...
— Vuoi andare alla partita di...
— Quando c'è? / A che ora? / Dove? / Dove si comprano i biglietti?...

d **Siete sportivi?** Intervisti alcuni studenti alcune studentesse della sua classe per sapere se sono sportivi/e o no. Poi riferisca le informazioni alla classe.

>> Jenna è molto sportiva. Gioca a pallacanestro tre volte alla settimana. Le piace guardare... Alessandro invece non è...

	1	2	3	4
Nome	_____	_____	_____	_____
Attività sportive che pratica	_____	_____	_____	_____
Quante volte alla settimana?	_____	_____	_____	_____
Sport preferito da giocare	_____	_____	_____	_____
Sport preferito da vedere	_____	_____	_____	_____
Squadra preferita	_____	_____	_____	_____
Se vede gli sport alla tv?	_____	_____	_____	_____
Se va allo stadio? Quando?	_____	_____	_____	_____

e **Gli italiani e lo sport.** In coppia: Prima fate una lista delle attività sportive più popolari tra i giovani americani, maschi e femmine. Poi leggete l'articolo e le statistiche e paragonate le preferenze americane con le informazioni presentate sugli italiani.

I giovani italiani fanno attività sportive per mantenersi in forma e migliorare il loro aspetto fisico. Frequentano centri sportivi, palestre e piscine. Nei luoghi dove non ci sono molti impianti[1] pubblici o privati, come nel sud d'Italia, i giovani non si preoccupano più di tanto. C'è sempre il calcio, che è uno sport non difficile da praticare. Basta uno spazio aperto, un pallone, qualche amico e... un po' d'ingegno.

A fianco sono riportate le statistiche sulle attività sportive praticate dai giovani uomini e donne italiani.

5- LA TESTA È NEL PALLONE

	Maschi	Femmine
Calcio	47,9	2,1
Atletica leggera	4,5	5,1
Podismo[1], footing[2]	2,2	3,7
Ciclismo	3,2	2,5
Ginnastica, danza	10,2	39,0
Basket, pallavolo	10,4	16,4
Nuoto, tuffi[3]	10,5	19,2
Tennis	19,5	13,6
Sport invernali	6,4	11,0
Caccia	1,2	–
Pesca	2,4	–
Altri sport	11,3	7,6
Non indicato	2,8	3,6

1. *establishments*

1. *Walking*   2. *jogging*   3. *diving*

Conoscere l'Italia

a   **Definizioni.** Prima di leggere il seguente brano, abbini le definizioni con una parola della lista di destra. Ci sono due parole in più nella lista.

1. la forma dell'Italia
2. aggettivo derivato da *montagna*
3. contrario di *basso/a*
4. catena di montagne
5. contrario di *accessibile*
6. persone che vivono in un paese
7. città capitale di una regione
8. un vulcano italiano

a. inaccessibile
b. Gran Sasso
c. gli abitanti
d. il capoluogo
e. lo stivale
f. gli Appennini
g. alto/a
h. la penisola
i. montuoso/a
j. l'Etna

CD2,
Track 25

La Calabria

Situata sulla punta[1] dello stivale, la Calabria è una penisola che al nord confina con la Basilicata, ad est è circondata dal mar Ionio e ad ovest dal mar Tirreno. In questa regione montuosa degli Appennini calabresi sono situati il Parco Nazionale della Calabria e il Parco Nazionale dell'Aspromonte.

Per molto tempo la Calabria è stata una regione inaccessibile dovuto alla mancanza[2] di vie di comunicazione. Ma oggi l'accesso è più facile, grazie al prolungamento[3] dell'Autostrada del Sole fino a Reggio Calabria, completato nel 1970. Essenzialmente povera di industrie e di risorse, la Calabria ha subito[4] un'emigrazione molto intensa specialmente dagli anni '50 agli anni '70. Oggi in questa regione vivono un po' meno di due milioni di abitanti dei quali quasi duecentomila risiedono nel capoluogo, Reggio Calabria.

Questa città ha un aspetto molto moderno e si trova lungo[5] lo stretto di Messina. Dal porto di Reggio partono navi e traghetti[6] per la Sicilia. La Calabria e la Sicilia sono così vicine che dalla passeggiata del Lungomare[7] di questa città si possono vedere le coste siciliane e l'Etna. Non lontano da Reggio Calabria c'è Gioia Tauro, uno dei porti più importanti del Mediterraneo, modernamente attrezzato[8] e specializzato nel traffico dei container.

Un bel teatro moderno all'aperto vicino al mare a Reggio Calabria.

©Sandro Vannini / Corbis

▶ The **Autostrada del Sole** begins in Milan and crosses the whole boot as far as Reggio Calabria.

1. *tip*   2. *due to the lack*   3. *extension*   4. *underwent*   5. *along*   6. *ships and ferries*
7. *seafront promenade*   8. *equipped*

b **Vero o falso?** In coppia: A turno, identificate le seguenti frasi come vere o false secondo il brano precedente. Correggete le frasi false.

1. La Calabria è un'isola.
2. In Calabria ci sono molte montagne.
3. L'Autostrada del Sole arriva fino a Gioia Tauro.
4. In Calabria vivono quasi duecentomila abitanti.
5. Il capoluogo della Calabria è Catanzaro.
6. Lo stretto di Messina separa la Calabria dalla Sardegna.
7. Gioia Tauro è un porto della Calabria.

. . . .

a **La parola giusta.** Prima di leggere il seguente brano, completi ciascuna (*each*) di queste frasi con la parola appropriata fra quelle indicate tra parentesi.

1. Il problema di quel luogo è (l'aeroporto / l'inaccessibilità / l'autostrada); non è proprio possibile entrare.
2. Dicono che non ci sono (difficoltà / attrazioni / regioni) e che è facile risolvere il problema.
3. C'è (un'autostrada / un turismo / un aeroporto) nuovo/a a Crotone e si può benissimo raggiungere la città in aereo.
4. L'estate è (la stagione / il mese / la presenza) più caldo/a dell'anno.
5. Lungo le coste della Calabria ci sono molte belle (mare / spiagge / acqua).
6. Qui c'è un bel (teatro / prolungamento / museo) archeologico.
7. È evidente che in questa regione sono state presenti molte (civiltà / mare / stagioni) antiche.
8. Ho visitato un museo dove ci sono alcune (spiagge / statue / bronzi) romane.

Le attrazioni della Calabria

CD2, Track 26

A causa della sua inaccessibilità e della sua lontananza[1] dalle grandi città del nord e dell'Europa centrale, la Calabria ha incontrato delle difficoltà nello sviluppo[2] del turismo. Negli ultimi decenni[3] però, grazie al prolungamento dell'autostrada e alla creazione di nuovi aeroporti, questa regione è diventata un luogo di villeggiatura[4] frequentato da turisti italiani e stranieri. Durante la stagione estiva, molti di essi frequentano le belle e tranquille spiagge calabresi dove l'acqua è pulita[5] e i servizi sono molto buoni.

1. *distance*   2. *development*   3. *decades*
4. *vacation*   5. *clean*

Una veduta della stupenda costa calabrese.

Natalia Macheda / Shutterstock

Dopo aver trascorso più di 2.000 anni in fondo al mare, questi bronzi sono stati trovati nel 1972 al largo della costa di Riace in Calabria.

▶ Riace is a small town near Reggio Calabria.

▶ **Magna Grecia** is the name given by ancient Greeks to the colonies they founded along the coast of southern Italy.

Un'altra attrazione è rappresentata dalle tracce[6] artistiche e architettoniche del suo passato storico. La Calabria faceva parte della Magna Grecia. Tra i secoli[7] VIII (ottavo) e VII (settimo) a.C.[8], i Greci fondarono le colonie di Reggio, Sibari, Crotone e Locri. Oggi i resti[9] di questa civilizzazione sono visibili vicino a Crotone.

Nella regione è evidente anche l'influenza di altre civiltà come la bizantina, la normanna e la spagnola. Numerosi sono i musei archeologici calabresi dove sono esposti i reperti[10] di tutte queste civiltà. Il più importante è il Museo Nazionale di Reggio dove si trova un'estesa collezione archeologica che riguarda[11] la Magna Grecia. Qui si trovano i famosi Bronzi di Riace. Queste due statue di bronzo, appartenenti all'epoca classica greca, raffigurano due guerrieri. Esse furono scoperte[12] nel 1972 nel fondo[13] del mare al largo di[14] Riace e per il loro valore artistico oggi rappresentano l'attrazione principale del Museo di Reggio.

6. *traces*   7. *centuries*   8. *avanti Cristo* (B.C.)   9. *ruins*
10. *finds*   11. *concerns*   12. *discovered*   13. *bottom*
14. *off (the coast) of*

b **Informazioni.** Dia le seguenti informazioni basate sul brano precedente.

1. difficoltà incontrate nello sviluppo del turismo in Calabria
2. quello che ha aiutato lo sviluppo del turismo
3. caratteristiche delle spiagge calabresi
4. rapporto fra la Calabria e la Grecia antica
5. le varie civiltà che hanno lasciato tracce in Calabria
6. tipi di musei presenti in questa regione
7. il museo più importante della Calabria
8. cosa sono i Bronzi di Riace, dove sono stati trovati e dove sono adesso

▶ Videoteca Sarà una partita da vedere!

Prima di guardare

a **La partita.** Dia la forma corretta del futuro semplice dei verbi tra parentesi.

Domani ci (essere) una partita allo Stadio Olimpico di Roma. (Giocare) due squadre della serie A, Lazio e Roma. (Essere) una partita da vedere e ci (essere) più di 80.000 spettatori che (fare) il tifo per la propria squadra. Valeria (andare) alla partita con alcuni colleghi e forse anche Massimo ci (potere) andare. Massimo spera che (vincere) la Roma, che è la sua squadra del cuore.

Lazio-Roma

La fortunata città di Roma ha due importanti squadre di calcio: la **Lazio** (Società Sportiva Lazio) e la **Roma** (Associazione Sportiva Roma), molto seguite dalla gente. Due volte all'anno le due squadre "arcirivali" s'incontrano nel **Derby di Roma**. I tifosi della Lazio si siedono nella Curva Nord dello **Stadio Olimpico**, mentre quelli della Roma stanno nella Curva Sud. In questa partita c'è una lunga tradizione di **coreografie** (rappresentazioni organizzate dai tifosi con i colori delle squadre), entusiasmo ed anche, purtroppo, insulti. Un'altra importante rivalità calcistica italiana è quella tra il **Milan** e l'**Inter,** le due squadre di Milano.

Giuseppe Bellini / Getty Images

Mentre guarda il video

b **Massimo o Valeria?** A chi si riferiscono le seguenti frasi: **a Massimo** o **a Valeria**?

1. Gioca a calcio con alcuni amici.
2. Aveva lasciato la telecamera in ufficio.
3. Conosce molto bene l'argomento dello sport.
4. Non sa nulla delle ragazze.
5. Ha un appuntamento con alcuni amici per fare una partita domani.
6. Fa il tifo per la Roma.
7. Domani andrà con alcuni compagni allo Stadio Olimpico.
8. Dice che la Lazio perderà la partita.

c **Domande.** Risponda alle domande.

1. Che tipo di intervista farà Valeria domani?
2. Quali sono gli sport preferiti di Massimo?
3. Con chi giocherà domani Massimo?
4. Valeria potrà andare a vedere la partita di Massimo? Perché?
5. Quali sono le due squadre che giocheranno allo Stadio Olimpico domani?
6. Secondo Massimo, sarà una bella partita? Perché?
7. Secondo Massimo, chi vincerà la partita?

Dopo aver guardato

d **Domande.** Per il suo servizio sui giovani e lo sport, Valeria le fa alcune domande. Come risponde?

1. Sei sportivo/a?
2. Quali sport pratichi?
3. Preferisci gli sport di squadra o quelli più individuali? Perché?
4. Eri sportivo/a quando eri più giovane? Quale sport praticavi?
5. Ti piace guardare lo sport alla televisione? Quale?
6. Hai una squadra del cuore? Spiega.

e **Andiamo al derby!** Alla fine dell'intervista, Valeria le dà due biglietti per un importante incontro tra due squadre rivali. La partita sarà domenica prossima. Chiami un amico, lo inviti ad andare alla partita e spieghi come sarà la partita.

Reference Section

Argomenti supplementari

Numeri ordinali

1. Ordinal numbers are used to rank things. The ordinal numbers from *first* to *tenth* are listed below.

primo/a	first
secondo/a	second
terzo/a	third
quarto/a	fourth
quinto/a	fifth
sesto/a	sixth
settimo/a	seventh
ottavo/a	eighth
nono/a	ninth
decimo/a	tenth

2. After **decimo,** ordinal numbers are formed by dropping the final vowel of the cardinal number and adding **-esimo** or **-esima.** Numbers ending in accented **-é** (**ventitré, trentatré,** etc.) retain the final **-e** without the accent.

undicesimo/a	eleventh
ventesimo/a	twentieth
ventitreesimo/a	twenty-third
cinquantesimo/a	fiftieth
centesimo/a	hundredth
millesimo/a	thousandth

3. Ordinal numbers agree in gender and number with the nouns they modify. They generally precede the noun.

Lunedì è il **primo** giorno della settimana. *Monday is the first day of the week.*

I **primi** mesi dell'anno sono gennaio e febbraio. *The first months of the year are January and February.*

4. Roman numerals are generally used as ordinals when referring to centuries, and to popes and royalty. The Roman numeral may precede or follow the noun when referring to centuries; it follows the noun when referring to popes and royalty.

il **XXI** (ventunesimo) secolo
il secolo **XXI** (ventunesimo) } *the twenty-first century*
Papa Giovanni **XXIII** (ventitreesimo) *Pope John the Twenty-third*
Umberto **I** (primo) *Umberto the First*

a Risponda alle seguenti domande.

1. Qual è il secondo giorno della settimana?
2. Qual è il decimo mese dell'anno?
3. Quale lezione segue la nona?
4. Chi è stato il primo presidente degli Stati Uniti?
5. In che secolo viviamo?
6. Chi era Enrico VIII?

Nomi alterati

1. The meanings of many Italian nouns and some adjectives can be altered by adding special suffixes (**suffissi speciali**). These suffixes, which signify smallness, bigness, affection, and disparagement, are added to nouns and sometimes to adjectives after dropping the final vowel. The more common suffixes are: **-ino, -etto, -ello, -one,** and **-accio.**

▶ Be careful when altering nouns, since their meanings can change depending upon the suffix and the context. For instance, **il volante** means *steering wheel,* but **il volantino** means *flyer.* Also, the three suffixes denoting smallness aren't usually interchangeable: **casina** and **casetta** both denote a small house, but **casella** means *pigeonhole.*

2. Suffixes that denote smallness or affection are **-ino, -etto,** and **-ello.**

Ho un gatt**ino** bianco. *I have a (nice) little white cat.*
Abbiamo una cas**etta** in montagna. *We have a (nice) little house in the mountains.*
Sei proprio cattiv**ello/a**! *You're really naughty!*

3. The suffix **-one** denotes bigness or largeness.

Chi ha scritto quel libr**one?** *Who wrote that big book?*
Federica è una ragazz**ona.** *Federica is a big girl.*

4. The suffix **-accio** signifies badness or unpleasantness and is used to give a pejorative meaning to nouns.

Non comprate quel giornal**accio.** *Don't buy that trashy newspaper.*
Quei ragazzi dicono parol**acce** *Those boys use vulgar words even*
    anche a casa. *at home.*

b Completi questo brano con la forma appropriata delle parole della lista dopo aver aggiunto i suffissi indicati. Alcune parole possono essere usate più di una volta.

-etto/a	-ino/a	-one	-accio/a
l'animale	l'appartamento	la casa	la giornata
il giardino	il paese		
la villa	il gatto		
la casa			
la stanza			
la cucina			
il bagno			

I miei amici abitano in una bella _____ in un _____ ad una ventina di chilometri dalla mia città. Fuori la _____ è circondata da un bel _____ dove c'è molto verde. Dall'altra parte della loro strada c'è un _____ enorme che qualcuno sta ristrutturando (*remodeling*). Sembra che vogliano farci tre _____ e ai miei amici piacerebbe che ne comprassi uno quando saranno pronti. Attualmente io abito in un _____ al centro della città, dove ci sono due _____, una _____ e un _____. Con me abitano due _____ molto graziosi che stanno sempre in casa. Ma ieri un _____ è fuggito da casa senza che me ne accorgessi. Sono andata a cercarlo dappertutto sotto la pioggia. Che _____! Vorrei proprio avere una _____ in campagna o una _____ come quella dei miei amici. In questo caso i miei _____ potrebbero entrare e uscire a piacere. Potrei avere anche qualche altro _____ perché io adoro gli animali.

Aggettivi e pronomi indefiniti

1. Indefinite adjectives are used to express indefinite quantities.

alcuni (alcune) some
altro (altra, altri, altre) other
ogni each
molto (molta, molti, molte) a lot of, many
poco (poca, pochi, poche) little, few
qualche some
troppo (troppa, troppi, troppe) too much, too many
tutto (tutta, tutti, tutte) all, the whole

2. Alcuni/e and **qualche** both mean *some*. **Alcuni/e** always takes a plural noun, and **qualche** always takes a singular noun.

Puoi distribuire **alcuni volantini?**
Puoi distribuire **qualche volantino?** } *Can you pass out some flyers?*

3. The singular forms **molto/a, poco/a,** and **troppo/a** are used with singular nouns and mean *a lot of, a little,* and *too much.*

> C'è **molta / poca / troppa**   *There is a lot of / little / too much*
> corruzione nel governo.   *corruption in the government.*

The plural forms **molti/e, pochi/e,** and **troppi/e** are used with plural nouns and mean *many, few,* and *too many.*

> **Molti / Pochi / Troppi** italiani dubitano della serietà dei politici. *(Many / Few / Too many Italians doubt the seriousness of the politicians.)*

4. The singular **tutto/a** means *the whole.* The plural **tutti/e** means *all (the).* Both forms are usually followed by the definite article.

> **tutto il** Senato   *the whole Senate*
> **tutta l'**Europa   *all of Europe*
> **tutti i** rappresentanti   *all the representatives*
> **tutte le** stazioni radiofoniche   *all the radio stations*

5. Ogni is invariable and always takes a singular noun.

> **Ogni cittadino** ha il dovere   *Every citizen has the duty to vote.*
> di votare.
> **Ogni candidato** è contro la   *Every candidate is against crime.*
> criminalità.

6. Indefinite pronouns are used to refer to unspecific people and things. Here are the most common indefinite pronouns:

to refer to people		to refer to things	
qualcuno	someone, anyone	qualcosa	something
tutti	everybody	tutto	everything
ognuno	everyone		

> — C'è **qualcuno** in casa?   — *Is there anyone home?*
> — No, sono usciti **tutti.**   — *No, everyone's gone out.*
> — Ho **qualcosa** da dirti.   — *I have something to tell you.*
> — Sì, dimmi **tutto.**   — *Yes, tell me everything.*

c Scelga quale delle due parole tra parentesi è quella corretta.

1. Alla nostra università ci sono (molti / qualche) problemi.
2. (Alcuni / Qualche) studenti danno (qualcuno / troppa) importanza ai voti *(grades)*.
3. È lo stesso con (ogni / tutti i) corso di studio.
4. Il voto è usato da (molti / tutti) professori come un premio, e da (qualche / altri) professori come una punizione *(punishment)*.
5. Per (qualche / alcuni) studente, il voto è diventato più importante della conoscenza della materia.
6. (Ognuno / Tutti) deve pensare a quello che vuole dallo studio.

d In gruppi di tre: Decidete quale delle parole tra parentesi si applica meglio alla situazione della vostra università. Poi riferite le vostre opinioni alla classe.

1. Gli studenti dell'università hanno (poco / molto / troppo) tempo libero.
2. I professori danno (pochi / molti / troppi) compiti.
3. (Pochi / Alcuni / Molti / Quasi tutti gli) studenti sono soddisfatti della libreria dell'università.
4. (Pochi / Alcuni / Molti / Troppi) studenti bevono spesso bevande alcoliche.
5. La vita sociale offre (poche / molte / troppe) attività.
6. Ci sono (pochi / alcuni / molti) problemi tra l'università e la comunità in cui si trova.
7. C'è (poca / qualche / molta) possibilità di violenza nel campus.
8. Ci sono (pochi / alcuni / molti / troppi) problemi di razzismo all'università.

Pronomi possessivi

1. Possessive pronouns take the place of noun phrases with possessive adjectives.

Hai letto la sua lettera o **la mia?**	*Did you read her letter or mine?*
Guardiamo prima le mie fotografie e poi vediamo **le vostre.**	*Let's look at my pictures first and then we'll see yours.*

2. Possessive pronouns are identical in form to the possessive adjectives. They agree in gender and number with the thing possessed, not the possessor. The following chart shows the forms of the possessive pronouns.

	maschile		femminile	
	singolare	**plurale**	**singolare**	**plurale**
mine	il mio	i miei	la mia	le mie
yours (tu)	il tuo	i tuoi	la tua	le tue
his, hers, its, yours (lei)	il suo	i suoi	la sua	le sue
ours	il nostro	i nostri	la nostra	le nostre
yours (voi)	il vostro	i vostri	la vostra	le vostre
theirs, yours (loro)	il loro	i loro	la loro	le loro

3. Possessive pronouns are generally preceded by the definite article. Use of the definite article is optional after **essere.** The possessive pronoun **loro,** however, always requires the article.

— Sono i suoi biglietti?
— No, non sono **(i) miei.**
— È la loro macchina?
— Sì, è **la loro.**

e Completi le frasi in maniera logica, usando dei pronomi possessivi.

1. Io pago il mio biglietto e tu paghi _____.
2. Marcello parlava con il suo avvocato mentre Franco e Daria parlavano con _____.
3. Noi scriviamo ai nostri genitori e voi scrivete a_____.
4. Tu scrivi la tua lettera in italiano e io scrivo _____ in inglese.
5. Le nostre vacanze sono finite; come avete passato _____?
6. Tu studi per i tuoi esami, ma i tuoi amici non studiano per _____.
7. Ecco alcune fotografie che ho fatto; quando mi mandi _____?

f In coppia: Lei fa un complimento ad un amico/un'amica che risponde con lo stesso complimento, usando un pronome possessivo.

>> amiche: simpatiche
   S1: Le tue amiche sono molto simpatiche.
   S2: Grazie, anche le tue sono simpatiche.

1. parenti: generosi
2. casa: elegante
3. fratelli: divertenti
4. famiglia: gentile
5. ragazzo/a: bello/a
6. paese: ricco di cose interessanti
7. idee: originali

Passato remoto

1. The preterit **(passato remoto)** is a past tense used frequently in writing, especially in narratives, to recount past events unrelated to the present. It is sometimes called the *historical past.*

Francesco Petrarca **nacque** ad Arezzo nel 1304.	*Francesco Petrarca was born in Arezzo in 1304.*
Scrisse sonetti in italiano e **fu** uno dei primi umanisti.	*He wrote sonnets in Italian and was one of the first humanists.*
Ricevette la corona di alloro nel 1341 e la **mise** sulla tomba dell'Apostolo a San Pietro.	*He received the laurel crown in 1341 and placed it on the Tomb of the Apostle at St. Peter's.*

▶ Southern Italians tend to use the **passato remoto** more than northern Italians, even when speaking of recent events.

2. The preterit is used in speaking when the speaker perceives the action described as unconnected to the present.

— Hai mai letto una poesia di Francesco Petrarca?	*— Have you ever read any of Francesco Petrarca's poems?*
— **Lessi** tutto il *Canzoniere* quando ero al liceo.	*— I read the whole* Canzoniere *when I was in high school.*

▶ Francesco Petrarca (1304–1374), known today for his lyric poems in Italian, was crowned poet laureate for his writings in Latin.

▶ Petrarca's *Canzoniere* is a collection of lyric poems in Italian extolling his beloved Laura.

3. The preterit is formed by adding the characteristic endings to the infinitive stem. The following chart shows the preterit forms of regular **-are, -ere,** and **-ire** verbs.

	passare	*ricevere*	*finire*
io	pass**ai**	ricev**ei** (**-etti**)	fin**ii**
tu	pass**asti**	ricev**esti**	fin**isti**
lui/lei	pass**ò**	ricev**è** (**-ette**)	fin**ì**
noi	pass**ammo**	ricev**emmo**	fin**immo**
voi	pass**aste**	ricev**este**	fin**iste**
loro	pass**arono**	ricev**erono** (**-ettero**)	fin**irono**

Note that regular **-ere** verbs have two different forms for the first- and third-person singular and for the third-person plural.

4. Many verbs have irregular forms in the preterit. Here are some of the most common. A more complete list appears in Appendix F.

avere	ebbi, avesti, ebbe, avemmo, aveste, ebbero
conoscere	conobbi, conoscesti, conobbe, conoscemmo, conosceste, conobbero
dare	diedi, desti, dette (diede), demmo, deste, dettero (diedero)
essere	fui, fosti, fu, fummo, foste, furono
fare	feci, facesti, fece, facemmo, faceste, fecero
leggere	lessi, leggesti, lesse, leggemmo, leggeste, lessero
nascere	nacqui, nascesti, nacque, nascemmo, nasceste, nacquero
prendere	presi, prendesti, prese, prendemmo, prendeste, presero
sapere	seppi, sapesti, seppe, sapemmo, sapeste, seppero
scrivere	scrissi, scrivesti, scrisse, scrivemmo, scriveste, scrissero
vedere	vidi, vedesti, vide, vedemmo, vedeste, videro
venire	venni, venisti, venne, venimmo, veniste, vennero

Notice that many of the verbs are irregular in the **io, lui/lei,** and **loro** forms, but regular in the other forms.

g Quando successero i seguenti avvenimenti? Ogni data a sinistra corrisponde ad un avvenimento a destra. Abbinate date e avvenimenti con frasi complete.

>> Garibaldi condusse la Spedizione dei Mille nell'800

nel 200	1. L'Italia diventò una repubblica.
nel 300	2. La chiesa condannò Galileo Galilei come eretico.
nel 400	3. Dante Alighieri morì.
nel 500	4. Milioni d'italiani immigrarono nelle Americhe.
nel 600	5. Marco Polo arrivò in Cina.
nel 700	6. Cristoforo Colombo arrivò a San Salvador.
nell'800	7. Michelangelo creò la famosa statua del *Davide*.
nel 900	8. Antonio Vivaldi scrisse quasi 500 concerti per violino e altri strumenti.

h Chi fu Marco Polo? Completi le frasi con il passato remoto dei verbi tra parentesi.

1. Marco Polo (nascere) nel 1254 a Venezia.
2. A 19 anni (partire) con lo zio Matteo per la corte del Gran Khan.
3. I due (fare) un viaggio lungo e faticoso e (incontrare) pericoli (*dangers*) di ogni genere.
4. (Vedere) i primi mongoli tre anni dopo la loro partenza.
5. Quando i Polo (arrivare) a Pechino, il Gran Khan li (ricevere) cortesemente.
6. Marco (imparare) a scrivere e a leggere il cinese.
7. Marco Polo e Kublaij Khan (fare) amicizia.
8. Marco e lo zio (tornare) a Venezia ventiquattro anni dopo.
9. Marco (scrivere) le sue avventure in un libro intitolato *Il milione*.

Voce passiva

1. In passive sentences, the subject is the recipient of the action, rather than the agent who performs the action.

I giovani **hanno eletto** Luisa Lanciani al Parlamento.	*The young people have elected Luisa Lanciani to Parliament.*
Luisa Lanciani **è stata eletta** al Parlamento dai giovani.	*Luisa Lanciani was elected to Parliament by the young people.*

2. The passive voice (**la voce passiva**) consists of **essere** in the appropriate tense + *the past participle* of the verb. The past participle agrees with the subject. The agent of the action, if mentioned, is introduced by **da.**

Annunci politici **sono mandati** in onda **da**lle stazioni radiofoniche.	*Political messages are transmitted by radio stations.*
Il maggior numero di voti **è stato conquistato da**l partito democratico.	*The greatest number of votes was won by the Democratic party.*
I risultati **saranno discussi** per giornate intere.	*The results will be discussed for days on end.*

i Trasformi le seguenti frasi alla voce passiva, secondo il modello.

>> L'ambasciatore rappresenta una nazione all'estero .
   Una nazione è rappresentata all'estero dall'ambasciatore.

1. Il re e la regina rispettano le tradizioni di un paese.
2. La costituzione stabilisce le leggi di un paese.
3. Deputati e senatori formano il Parlamento.
4. I partiti politici annunciano i candidati.
5. Il potere legislativo crea nuove leggi.
6. Il sindaco governa la città.
7. Quattro partiti formano la coalizione.
8. Il governo sceglierà un nuovo ministro del Tesoro.
9. Il regime fascista ha modificato la costituzione originale.

j Risponda alle domande, cercando le informazioni nella lettura a pagina 361 se è necessario.

1. Quando è stato formato lo stato italiano?
2. In quale periodo è stata molto cambiata la Costituzione italiana?
3. Quale tipo di governo è stato scelto dagli italiani nel 1946?
4. Da che cosa sono stabiliti i limiti del potere esecutivo, del potere legislativo e del potere giudiziario?
5. Da chi è determinata la linea politica del governo?
6. Da quali organi è formato il Parlamento italiano?

Appendices

a Spelling/sound correspondences

	ortografia	suono	esempi
a		/a/	casa
b		/b/	bicicletta
c	before **a, o,** and **u**	/k/	amica, amico, culturale
	before **e** and **i**	/č/	cento, ciao
	ch before **e** and **i**	/k/	che, chi
d		/d/	dieci
e		/e/	bene
f		/f/	favore
g	before **a, o,** and **u**	/g/	larga, governo, guidare
	before **e** and **i**	/ğ/	gelato, gita
	gh before **e** and **i**	/g/	lunghe, dialoghi
	gli before **e** and **i**	/ /	luglio
	gn	/¯/	signora
h		silent	ho
i		/i/	idea
l		/l/	lettera
m		/m/	mano
n		/n/	nome
o		/o/	poco
p		/p/	pratica
q	always in combination with **u**	/kw/	qui
r		/r/	radio
s	at the beginning of a word	/s/	signore
	ss between vowels	/s/	classe
	s between vowels	/z/	rosa, così
	s before **b, d, g, l, m, n, r, v**	/z/	sbagliato, sdoppiare, sveglia
	sc before **a, o,** and **u**	/sk/	scarpa, esco, scusa
	sc before **e** and **i**	/ʃ/	scientifico, conoscere
	sch before **e** and **i**	/sk/	fresche, freschi
t		/t/	telefono
u		/u/	uno
v		/v/	venire
z		/ts/	zio, piazza
		/ds/	zero, azzurro

1. When a consonant is doubled, the sound is lengthened (held) slightly in speech.

2. The letters **j, k, w, x,** and **y** occur only in foreign words.

b Avere and essere

					present	imperfect	
present	**imperfect**	**future**	**conditional**	**preterit**	**subjunctive**	**subjunctive**	**commands**
ho	avevo	avrò	avrei	ebbi	abbia	avessi	
hai	avevi	avrai	avresti	avesti	abbia	avessi	abbi
ha	aveva	avrà	avrebbe	ebbe	abbia	avesse	abbia
abbiamo	avevamo	avremo	avremmo	avemmo	abbiamo	avessimo	abbiamo
avete	avevate	avrete	avreste	aveste	abbiate	aveste	abbiate
hanno	avevano	avranno	avrebbero	ebbero	abbiano	avessero	abbiano

past participle: avuto
present perfect: ho avuto, hai avuto, ha avuto, abbiamo avuto, avete avuto, hanno avuto

essere

					present	imperfect	
present	**imperfect**	**future**	**conditional**	**preterit**	**subjunctive**	**subjunctive**	**commands**
sono	ero	sarò	sarei	fui	sia	fossi	
sei	eri	sarai	saresti	fosti	sia	fossi	sii
è	era	sarà	sarebbe	fu	sia	fosse	sia
siamo	eravamo	saremo	saremmo	fummo	siamo	fossimo	siamo
siete	eravate	sarete	sareste	foste	siate	foste	siate
sono	erano	saranno	sarebbero	furono	siano	fossero	siano

past participle: stato
present perfect: sono stato/a, sei stato/a, è stato/a, siamo stati/e, siete stati/e, sono stati/e

c Regular verbs: Simple tenses and compound tenses with avere and essere

	verbi in *-are*		verbi in *-ire*		verbi in *-ere*
	compr*are*	**entr*are***	**vend*ere***	**dorm*ire***	**fin*ire***
indicative	compro	entro	vendo	dormo	finisco
present	i	i	i	i	isci
	a	a	e	e	isce
	iamo	iamo	iamo	iamo	iamo
	ate	ate	ete	ite	ite
	ano	ano	ono	ono	iscono
imperfect	compravo	entravo	vendevo	dormivo	finivo
	avi	avi	evi	ivi	ivi
	ava	ava	eva	iva	iva
	avamo	avamo	evamo	ivamo	ivamo
	avate	avate	evate	ivate	ivate
	avano	avano	evano	ivano	ivano

	verbi in -are		verbi in -ire		verbi in -ere
	comprare	**entrare**	**vendere**	**dormire**	**finire**
future	comprerò	entrerò	venderò	dormirò	finirò
	erai	**erai**	**erai**	**irai**	**irai**
	erà	**erà**	**erà**	**irà**	**irà**
	eremo	**eremo**	**eremo**	**iremo**	**iremo**
	erete	**erete**	**erete**	**irete**	**irete**
	eranno	**eranno**	**eranno**	**iranno**	**iranno**
preterit	comprai	entrai	vendei	dormii	finii
	asti	**asti**	**esti**	**isti**	**isti**
	ò	**ò**	**è**	**ì**	**ì**
	ammo	**ammo**	**emmo**	**immo**	**immo**
	aste	**aste**	**este**	**iste**	**iste**
	arono	**arono**	**erono**	**irono**	**irono**
present perfect	ho comprato	sono entrato/a	ho venduto	ho dormito	ho finito
	hai	sei	hai	hai	hai
	ha	è	ha	ha	ha
	abbiamo	siamo entrati/e	abbiamo	abbiamo	abbiamo
	avete	siete	avete	avete	avete
	hanno	sono	hanno	hanno	hanno
pluperfect	avevo comprato	ero entrato/a	avevo venduto	avevo dormito	avevo finito
	avevi	eri	avevi	avevi	avevi
	aveva	era	aveva	aveva	aveva
	avevamo	eravamo entrati/e	avevamo	avevamo	avevamo
	avevate	eravate	avevate	avevate	avevate
	avevano	erano	avevano	avevano	avevano
commands	compra	entra	vendi	dormi	finisci
	i	**i**	**a**	**a**	**isca**
	iamo	**iamo**	**iamo**	**iamo**	**iamo**
	ate	**ate**	**ete**	**ite**	**ite**
	ino	**ino**	**ano**	**ano**	**iscano**
conditional present	comprerei	entrerei	venderei	dormirei	finirei
	eresti	**eresti**	**eresti**	**iresti**	**iresti**
	erebbe	**erebbe**	**erebbe**	**irebbe**	**irebbe**
	eremmo	**eremmo**	**eremmo**	**iremmo**	**iremmo**
	ereste	**ereste**	**ereste**	**ireste**	**ireste**
	erebbero	**erebbero**	**erebbero**	**irebbero**	**irebbero**
present subjunctive	compri	entri	venda	dorma	finisca
	i	**i**	**a**	**a**	**isca**
	i	**i**	**a**	**a**	**isca**
	iamo	**iamo**	**iamo**	**iamo**	**iamo**
	iate	**iate**	**iate**	**iate**	**iate**
	ino	**ino**	**ano**	**ano**	**iscano**

Continued

	verbi in -*are*		verbi in -*ire*	verbi in -*ere*	
	compr*are*	entr*are*	vend*ere*	dorm*ire*	fin*ire*
imperfect *subjunctive*	comprassi	entrassi	vendessi	dormissi	finissi
	assi	**assi**	**essi**	**issi**	**issi**
	asse	**asse**	**esse**	**isse**	**isse**
	assimo	**assimo**	**essimo**	**issimo**	**issimo**
	aste	**aste**	**este**	**iste**	**iste**
	assero	**assero**	**essero**	**issero**	**issero**
past participle	comprato	entrato	venduto	dormito	finito

Verbs conjugated with *essere*

The following verbs are conjugated with **essere**. In addition, all reflexive verbs are conjugated with **essere** (for example, **lavarsi**, *to wash oneself*: **mi sono lavato/a, ti sei lavato/a, si è lavato/a, ci siamo lavati/e, vi siete lavati/e, si sono lavati/e**).

andare to go
arrivare to arrive
cadere to fall
costare to cost
diminuire to diminish, decrease
dispiacere to mind; to be sorry
diventare to become
entrare to enter
essere (stato) to be
mancare to lack
morire (morto) to die
nascere (nato) to be born
partire to depart

piacere to like
restare to remain
rimanere (rimasto) to remain
ritornare to return
riuscire to succeed
salire* to climb up
scendere (sceso)* to go down; to get off
sembrare to seem
stare to be
succedere (successo) to happen
tornare to return
uscire to go out
venire (venuto) to come

** Conjugated with **avere** when used with a direct object*

Verbs with irregular past participles

accendere (acceso) to turn on
affiggere (affisso) to post; to affix
aggiungere (aggiunto) to add
apparire (apparso) to appear
appendere (appeso) to hang
apprendere (appreso) to learn
aprire (aperto) to open
assumere (assunto) to hire
bere (bevuto) to drink
chiedere (chiesto) to ask
chiudere (chiuso) to close

cogliere (colto) to gather
comprendere (compreso) to understand
concludere (concluso) to conclude
convincere (convinto) to convince
coprire (coperto) to cover
correre (corso) to run
correggere (corretto) to correct
cuocere (cotto) to cook
decidere (deciso) to decide
dire (detto) to say
discutere (discusso) to discuss

eleggere (eletto) to elect
esprimere (espresso) to express
essere (stato) to be
fare (fatto) to do; to make
indire (indetto) to call, announce
interrompere (interrotto) to interrupt
leggere (letto) to read
mettere (messo) to put
morire (morto) to die
muovere (mosso) to move
nascere (nato) to be born
nascondere (nascosto) to hide
offrire (offerto) to offer
perdere (perso *or* perduto) to lose
permettere (permesso) to permit
porre (posto) to place
prendere (preso) to take
prevedere (previsto) to expect; to foresee
promettere (promesso) to promise
promuovere (promosso) to promote
proporre (proposto) to propose
proteggere (protetto) to protect
raggiungere (raggiunto) to arrive; to reach
rendere (reso) to render

richiedere (richiesto) to require; to seek
ridere (riso) to laugh
ridurre (ridotto) to reduce
rimanere (rimasto) to remain
riprendere (ripreso) to start again
risolvere (risolto) to resolve
rispondere (risposto) to answer
rompere (rotto) to break
scegliere (scelto) to select
scendere (sceso) to go down; to get off
scomparire (scomparso) to disappear
scrivere (scritto) to write
soffrire (sofferto) to suffer
sorridere (sorriso) to smile
spegnere (spento) to turn off
spendere (speso) to spend
succedere (successo) to happen
togliere (tolto) to remove
trarre (tratto) to draw, pull
trasmettere (trasmesso) to transmit
vedere (visto *or* veduto) to see
venire (venuto) to come
vincere (vinto) to win

 ## Irregular verbs

The verbs in this section are irregular in the following tenses only.

accendere	*to turn on*
Preterit:	accesi, accendesti, accese, accendemmo, accendeste, accesero
affiggere	*to post; to affix*
Preterit:	affissi, affiggesti, affisse, affiggemmo, affiggeste, affissero
andare	*to go*
Pres. ind.:	vado, vai, va, andiamo, andate, vanno
Future:	andrò, andrai, andrà, andremo, andrete, andranno
Commands:	va' (vai), vada, andiamo, andate, vadano
Conditional:	andrei, andresti, andrebbe, andremmo, andreste, andrebbero
Pres. subj.:	vada, vada, vada, andiamo, andiate, vadano

apprendere	*to learn (compound of* **prendere***)*
assumere	*to hire*
Preterit:	assunsi, assumesti, assunse, assumemmo, assumeste, assunsero
bere	*to drink*
Pres. ind.:	bevo, bevi, beve, beviamo, bevete, bevono
Imperfect:	bevevo, bevevi, beveva, bevevamo, bevevate, bevevano
Future:	berrò, berrai, berrà, berremo, berrete, berranno
Preterit:	bevvi, bevesti, bevve, bevemmo, beveste, bevvero
Commands:	bevi, beva, beviamo, bevete, bevano
Conditional:	berrei, berresti, berrebbe, berremmo, berreste, berrebbero

Pres. subj.:	beva, beva, beva, beviamo, beviate, bevano
Imp. subj.:	bevessi, bevessi, bevesse, bevessimo, beveste, bevessero
cadere	*to fall*
Future:	cadrò, cadrai, cadrà, etc.
Preterit:	caddi, cadesti, cadde, cademmo, cadeste, caddero
Conditional:	cadrei, cadresti, cadrebbe, etc.
chiedere	*to ask for*
Preterit:	chiesi, chiedesti, chiese, chiedemmo, chiedeste, chiesero
chiudere	*to close*
Preterit:	chiusi, chiudesti, chiuse, chiudemmo, chiudeste, chiusero
comprendere	to understand (*compound of* **prendere**)
concludere	*to conclude*
Preterit:	conclusi, concludesti, concluse, concludemmo, concludeste, conclusero
conoscere	*to know*
Preterit:	conobbi, conoscesti, conobbe, conoscemmo, conosceste, conobbero
convincere	*to convince* (*compound of* **vincere**)
dare	*to give*
Pres. ind.:	do, dai, dà, diamo, date, danno
Preterit:	detti (diedi), desti, dette (diede), demmo, deste, dettero (diedero)
Commands:	da' (dai), dia, diamo, date, diano
Pres. subj.:	dia, dia, dia, diamo, diate, diano
Imp. subj.:	dessi, dessi, desse, dessimo, deste, dessero
decidere	*to decide*
Preterit:	decisi, decidesti, decise, decidemmo, decideste, decisero
dire	*to say, tell*
Pres. ind.:	dico, dici, dice, diciamo, dite, dicono
Imperfect:	dicevo, dicevi, diceva, etc.
Preterit:	dissi, dicesti, disse, dicemmo, diceste, dissero
Commands:	di', dica, diciamo, dite, dicano
Pres. subj.:	dica, dica, dica, diciamo, diciate, dicano

Imp. subj.:	dicessi, dicessi, dicesse, etc.
discutere	*to discuss*
Preterit:	discussi, discutesti, discusse, discutemmo, discuteste, discussero
dovere	*to have to,* must
Pres. ind.:	devo, devi, deve, dobbiamo, dovete, devono
Future:	dovrò, dovrai, dovrà, etc.
Conditional:	dovrei, dovresti, dovrebbe, etc.
Pres. subj.:	debba, debba, debba, dobbiamo, dobbiate, debbano
eleggere	*to elect* (*compound of* **leggere**)
Preterit:	elessi, eleggesti, elesse, eleggemmo, eleggeste, elessero
esprimere	*to express*
Preterit:	espressi, esprimesti, espresse, esprimemmo, esprimeste, espressero
fare	*to do; to make*
Pres. ind.:	faccio, fai, fa, facciamo, fate, fanno
Imperfect:	facevo, facevi, faceva, etc.
Preterit:	feci, facesti, fece, facemmo, faceste, fecero
Commands:	fa' (fai), faccia, facciamo, fate, facciano
Pres. subj.:	faccia, faccia, faccia, facciamo, facciate, facciano
Imp. subj.:	facessi, facessi, facesse, etc.
indire	*to call* (*compound of* **dire**)
interrompere	*to interrupt* (*compound of* **rompere**)
Preterit:	interruppi, interrompesti, interruppe, interrompemmo, interrompeste, interruppero
leggere	*to read*
Preterit:	lessi, leggesti, lesse, leggemmo, leggeste, lessero
mettere	*to place, put*
Preterit:	misi, mettesti, mise, mettemmo, metteste, misero
morire	*to die*
Pres. ind.:	muoio, muori, muore, moriamo, morite, muoiono
Future:	morrò, morrai, morrà, etc.
Pres. subj.:	muoia, muoia, muoia, moriamo, moriate, muoiano

nascere *to be born*

Preterit: nacqui, nascesti, nacque, nascemmo, nasceste, nacquero

nascondere *to hide*

Preterit: nascosi, nascondesti, nascose, nascondemmo, nascondeste, nascosero

ottenere *to obtain* (*compound of* **tenere**)

permettere *to permit* (*compound of* **mettere**)

piacere *to like; to please*

Pres. ind.: piaccio, piaci, piace, piacciamo, piacete, piacciono

Preterit: piacqui, piacesti, piacque, piacemmo, piaceste, piacquero

Pres. subj.: piaccia, piaccia, piaccia, piacciamo, piacciate, piacciano

potere *to be able*

Pres. ind.: posso, puoi, può, possiamo, potete, possono

Future: potrò, potrai, potrà, etc.

Conditional: potrei, potresti, potrebbe, etc.

Pres. subj.: possa, possa, possa, possiamo, possiate, possano

prendere *to take*

Preterit: presi, prendesti, prese, prendemmo, prendeste, presero

prevedere *to foresee* (*compound of* **vedere**)

promettere *to promise* (*compound of* **mettere**)

promuovere *to promote* (*compound of* **muovere**)

Preterit: promossi, promovesti, promosse, promovemmo, promoveste, promossero

raggiungere *to reach*

Preterit: raggiunsi, raggiungesti, raggiunse, raggiungemmo, raggiungeste, raggiunsero

richiedere *to require; to seek* (*compound of* **chiedere**)

ridere *to laugh*

Preterit: risi, ridesti, rise, ridemmo, rideste, risero

ridurre *to reduce*

Pres. ind.: riduco, riduci, riduce, riduciamo, riducete, riducono

Future: ridurrò, ridurrai, ridurrà, etc.

Preterit: ridussi, riducesti, ridusse, riducemmo, riduceste, ridussero

Conditional: ridurrei, ridurresti, ridurrebbe, etc.

Pres. subj.: riduca, riduca, riduca, riduciamo, riduciate, riducano

rimanere *to remain*

Pres. ind.: rimango, rimani, rimane, rimaniamo, rimanete, rimangono

Future: rimarrò, rimarrai, rimarrà, etc.

Preterit: rimasi, rimanesti, rimase, rimanemmo, rimaneste, rimasero

Commands: rimani, rimanga, rimaniamo, rimanete, rimangano

Conditional: rimarrei, rimarresti, rimarrebbe, etc.

Pres. subj.: rimanga, rimanga, rimanga, rimaniamo, rimaniate, rimangano

riprendere *to start again* (*compound of* **prendere**)

rispondere *to answer*

Preterit: risposi, rispondesti, rispose, rispondemmo, rispondeste, risposero

salire *to go up*

Pres. ind.: salgo, sali, sale, saliamo, salite, salgono

Pres. subj.: salga, salga, salga, saliamo, saliate, salgano

sapere *to know*

Pres. ind.: so, sai, sa, sappiamo, sapete, sanno

Future: saprò, saprai, saprà, etc.

Preterit: seppi, sapesti, seppe, sapemmo, sapeste, seppero

Commands: sappi, sappia, sappiamo, sappiate, sappiano

Conditional: saprei, sapresti, saprebbe, etc.

Pres. subj.: sappia, sappia, sappia, sappiamo, sappiate, sappiano

scegliere *to choose*

Pres. ind.: scelgo, scegli, sceglie, scegliamo, scegliete, scelgono

Preterit: scelsi, scegliesti, scelse, scegliemmo, sceglieste, scelsero

Commands: scegli, scelga, scegliamo, scegliete, scelgano

Pres. subj.:	scelga, scelga, scelga, scegliamo, scegliate, scelgano
scendere	*to go down; to get off*
Preterit:	scesi, scendesti, scese, scendemmo, scendeste, scesero
scrivere	*to write*
Preterit:	scrissi, scrivesti, scrisse, scrivemmo, scriveste, scrissero
sedere	*to sit*
Pres. ind.:	siedo, siedi, siede, sediamo, sedete, siedono
Commands:	siedi, sieda, sediamo, sedete, siedano
Pres. subj.:	sieda, sieda, sieda, sediamo, sediate, siedano
sorridere	*to smile (compound of* **ridere***)*
Preterit:	sorrisi, sorridesti, sorrise, sorridemmo, sorrideste, sorrisero
spegnere	*to turn off*
Preterit:	spensi, spegnesti, spense, spegnemmo, spegneste, spensero
stare	*to be*
Preterit:	stetti, stesti, stette, stemmo, steste, stettero
Commands:	sta' (stai), stia, stiamo, state, stiano
Pres. subj.:	stia, stia, stia, stiamo, stiate, stiano
Imp. subj.:	stessi, stessi, stesse, stessimo, steste, stessero
tenere	*to keep*
Pres. ind.:	tengo, tieni, tiene, teniamo, tenete, tengono
Future:	terrò, terrai, terrà, etc.
Preterit:	tenni, tenesti, tenne, tenemmo, teneste, tennero
Commands:	tieni, tenga, teniamo, tenete, tengano
Conditional:	terrei, terresti, terrebbe, etc.
Pres. subj.:	tenga, tenga, tenga, teniamo, teniate, tengano
trasmettere	*to transmit (compound of* **mettere***)*

uscire	*to go out*
Pres. ind.:	esco, esci, esce, usciamo, uscite, escono
Commands:	esci, esca, usciamo, uscite, escano
Pres. subj.:	esca, esca, esca, usciamo, usciate, escano
vedere	*to see*
Future:	vedrò, vedrai, vedrà, etc.
Preterit:	vidi, vedesti, vide, vedemmo, vedeste, videro
Conditional:	vedrei, vedresti, vedrebbe, etc.
venire	*to come*
Pres. ind.:	vengo, vieni, viene, veniamo, venite, vengono
Future:	verrò, verrai, verrà, etc.
Preterit:	venni, venisti, venne, venimmo, veniste, vennero
Commands:	vieni, venga, veniamo, venite, vengano
Conditional:	verrei, verresti, verrebbe, etc.
Pres. subj.:	venga, venga, venga, veniamo, veniate, vengano
vincere	*to win*
Preterit:	vinsi, vincesti, vinse, vincemmo, vinceste, vinsero
vivere	*to live*
Future:	vivrò, vivrai, vivrà, etc.
Preterit:	vissi, vivesti, visse, vivemmo, viveste, vissero
Conditional:	vivrei, vivresti, vivrebbe, etc.
volere	*to want*
Pres. ind.:	voglio, vuoi, vuole, vogliamo, volete, vogliono
Future:	vorrò, vorrai, vorrà, etc.
Preterit:	volli, volesti, volle, volemmo, voleste, vollero
Conditional:	vorrei, vorresti, vorrebbe, etc.
Pres. subj.:	voglia, voglia, voglia, vogliamo, vogliate, vogliano

Italian–English Vocabulary

The Italian–English Vocabulary contains the basic words and expressions presented in the lessons for active use. It also includes words from exercises and instructions that are intended for recognition only. The number after a vocabulary entry refers to the lesson where the word first appears in the lesson's lists for active use; the letters "LP" refer to the **Lezione preliminare.** Definitions are primarily those used in the book.

Gender of all nouns is indicated except for feminine nouns that end in **-a** and masculine nouns that end in **-o.**

Stress is indicated with a dot under the stressed letter of the main entry when it does not fall on the next-to-last syllable. A subscript dot also indicates vowel combinations that are not diphthongs. An asterisk (*) indicates that a verb is irregular and can be found in the irregular verb listing in Appendix F; this includes verbs derived from irregular verbs (*e.g.*, **uscire / riuscire, mettere / promettere**, etc.). Forms of the irregular verbs **avere** and **essere** are found in Appendix B.

The following abbreviations are used:

adj. = adjective   *m.* = masculine
adv. = adverb   *pl.* = plural
f. = feminine   *p.p.* = past participle
inf. = infinitive

a (*frequently* **ad** *before a vowel*) to; at 1; in 3; **a condizione che** provided that, as long as 16; **a proposito** by the way 9; **a turno** take turns
abbastanza enough; **abbastanza bene** quite well LP
abbigliamento clothing 10
abbinare to combine; to match
abbraccio hug 9
abilità (*f.*) ability
abitante (*m. or f.*) inhabitant, resident
abitare to live 2
abito dress 10; suit 10
abituarsi to get used to 18
accademia academy 9
accademico/a academic 9
acceleratore (*m.*) accelerator
accendere* (*p.p.* **acceso**) to turn on
accento: accento acuto acute accent; **accento grave** grave accent
accessorio accessory 10
accidenti! my goodness! 6

accompagnare to accompany
accordo: d'accordo agreed, OK 3; **andare* d'accordo (con)** to get along with; **essere* d'accordo** to agree
accuratamente accurately, carefully
aceto vinegar 7
acqua (minerale) (mineral) water 4
acquisto purchase 5
addormentarsi to fall asleep 7
adeguato/a adequate
adesso now 3
adorare to adore
aereo plane 18; **andare* in aereo** to go by plane 18
aeroporto airport
afa: c'è afa it's sultry, it's muggy 9
affascinante fascinating
affatto: non... affatto not at all 9
affermazione (*f.*) affirmation, assertion
affetto affection 9
affinché so that, in order that 16
affitto rent 14; rental; **prendere in affitto, dare* in affitto** to lease, to rent 14

affreschi (*pl.*) frescoes
afoso: è afoso it's sultry, it's muggy 9
agente (*m. or f.*) agent 17; **agente immobiliare** real estate agent
agenzia: agenzia immobiliare real estate agency 14; **agenzia di viaggi** travel agency 8
aggettivo adjective
aggiungere to add
aggiustare to fix 16
aglio garlic 7
agnello lamb 7
agosto August 6
agriturismo farm vacation 18; agritourism 18
aiutare (a) to help (to) 13; **aiutarsi** to help each other 11; to help oneself
aiuto help 3
alba dawn 15
albergo hotel 3
albero: albero genealogico genealogical tree 8
albicocca apricot 7
alcol alcohol 15

alcolico (*noun or adj.*) alcoholic; alcoholic drink

alcuni/e some 7

alfabeto alphabet

alimento food

allegato attachment (e-mail) 9

allegramente gaily, happily 18

allegria joy 5

allegro/a happy 5

allenamento practice

alloggio apartment, lodging 14

allontanarsi to go away

allora well, then 3

almeno at least

Alpi Alps LP; **Appennini** Apennines LP

alpinismo mountain climbing 12

altalena ups and downs 15; see-saw 15

alto/a high, tall 5

altrettanto likewise, same to you

altro/a other, another 5

alzare to raise; to turn up; **alzarsi** to get up 7

amare to love 18; **amarsi** to love each other 11

ambasciatore (*m.*) ambassador 15

ambientale environmental

ambiente (*m.*) environment 18

americano/a American 1

amico/a friend 2

amoroso/a amorous

analcolico nonalcoholic

ananas (*m.*) pineapple 7

anche also, too 1; **anch'io** I too, me too 1

ancora yet 5; **non... ancora** not yet 8

andare* (a) to go (to) 3; **andare a piedi** to go on foot 18; **andare con la nave** to go by ship 18; **andare in giro** to go around 5; **andare in macchina (in aereo, in autobus, in treno)** to go by car (by plane, by bus, by train) 18; **andare in onda** to be broadcast, to go on the air 15; **andare via** to go away; **va bene?** OK?, is that all right? 3; **si va?** are we going? 4

anello ring

animale (*m.*) animal 2

anniversario anniversary; **buon anniversario!** happy anniversary!

anno year 1

annoiarsi to be bored 7

annunciare to announce 15

annunciatore/annunciatrice newscaster 15

annuncio ad(vertisement) 14

anticipo: essere* in anticipo to be early LP

antico/a old, ancient 9

antipasto hors d'oeuvre, appetizer 13

antipatico/a unpleasant 5

antropologia anthropology 2

anzi indeed

aperto: all'aperto outdoors 4; open air 16

appartamento apartment 2; **appartamentino** small apartment

appena as soon as 11; just 15

appropriato/a appropriate

appunti notes; **prendere appunti** to take notes

aprile (*m.*) April 6

aprire* (*p.p.* **aperto**) to open 5; **all'aperto** outdoors 4

aragosta lobster 7

arancia orange (*fruit*) 7

aranciata orange soda 3

arancione (*invariable*) orange (*color*) 10

architetto architect 2

architettura architecture 2

armadio armoire, wardrobe, closet 14

armonica harmonica 16

arpa harp 16

arrabbiato/a angry

arrivare to arrive 3

arrivederci good-bye (*informal*) LP; **arrivederla** good-bye (*formal*) LP

arrivo arrival 9

arte (*f.*) art 2

articolo article 10

artigianato handicraft

asciugacapelli (*m.*) hair dryer 11

asciugamano (*m.*) towel 11

asciugarsi le mani (la faccia) to dry one's hands (face) 11

asciugatrice (*f.*) clothes dryer 14

ascoltare to listen (to) 3

ascoltatore (*m.*) listener 17

asparagi (*m. pl.*) asparagus 7

aspettare to wait (for) 3; **aspetta un momento** wait a minute

aspetto aspect

aspirapolvere (*m.*) vacuum cleaner 14; **pulire con l'aspirapolvere** to vacuum 14

assaggiare to taste 7

assegnare to award

assistenza assistance, help 17

associare to associate

assumere* (*p.p.* **assunto**) to hire 17; to assume

assurdo/a absurd

atmosfera atmosphere 5

atomico/a: fissione atomica (*f.*) atomic fission

attaccato/a attached 14

attentamente carefully 18

attento/a attentive 18

attenzione (*f.*) attention

attesa wait

attitudine (*f.*) attitude

attività (*f.*) activity

atto act 16

attore/attrice actor/actress 10

attrarre to attract

attuale actual

audace bold, daring 5

audiocassetta cassette 1

auguri! (*pl.*) best wishes!; **tanti auguri!** all the best! 13; **fare gli auguri** to wish someone well 13

australiano/a Australian 5

Austria (*f.*) Austria 15

auto (*f.*) automobile 18

autobus (*m.*) bus 18; **andare* in autobus** to go by bus 18

autocarro truck 18; **andare* in autocarro** to go by truck 18

automobile (*f.*) car 8; automobile 18

automobilistico/a car, automotive 15

autonomo/a independent 14

autunnale (*adj.*) fall-like, autumnal 6

autunno autumn, fall 6

avere* to have 1; to possess; **avere... anni** to be . . . years old 1; **avere a che fare con** to have to deal with; **avere bisogno (di)** to need (to) 3; **avere caldo** to be warm 3; **avere fame** to be hungry 3; **avere freddo** to be cold 3; **avere in mente** to intend, have in mind 9; **avere intenzione di** to intend to; **avere luogo** to take place; **avere modo di** to have a chance to; **avere**

paura (di) to be afraid (of) 3; **avere ragione** to be right 3; **avere sete** to be thirsty 3; **avere sonno** to be sleepy 3; **avere torto** to be wrong; **avere voglia di** (+ *infinitive or noun*) to feel like (doing or having something) 3
avvenimento event
avvocato (*m. or f.*) lawyer 17
azione (*f.*) action 10
azzurro/a sky-blue 10

Babbo Natale Santa Claus
bacheca bulletin board 14
bagagli (*m. pl.*) baggage 8
bagnino lifeguard
bagno bathroom 14
baia bay LP
balcone (*m.*) balcony 14
ballare to dance 1
ballo dance, ball; **un ballo in maschera** a masked ball 5
bambino/a baby, child
bambola doll
banale banal
banana banana 7
banca bank 3
bancarella stall 7
banda band
bar (*m.*) bar, café 3
barca boat 12; **andare* in barca** to go boating; to go sailing 12
barista (*m. or f.*) bartender
basare to base
baseball (*m.*) baseball 12
basso/a short 5; **in basso** below
bastare to be enough 14
batteria drum set 16
Belgio (*m.*) Belgium 15
bellissimo/a very beautiful
bello/a beautiful, handsome 5; nice 5; **che bello!** how nice! 15
benché although, even though 16
bene well, good, fine LP; **bene, grazie** fine thanks LP
beneficenza benefit 16
benissimo just great! LP; very well 5
benvenuto: dare il benvenuto to welcome 15
benzina gasoline 8
bere* (*p.p. bevuto*) to drink 4; **qualcosa da bere** something to drink

bevanda drink 13
bianco/a white 10
bibita drink 7
biblioteca library 3
bicchiere (*m.*) (drinking) glass 4
bicicletta bicycle 1; **andare* in bicicletta** to ride a bike 12
bifamiliare two-family
biglietteria ticket office 16
biglietto ticket 4; **biglietto di andata e ritorno** round-trip ticket; **biglietto aereo (ferroviario)** airline (train) ticket 8
biologia biology 2
biondo/a blond 11
birra beer 6
bisogna it's necessary
bistecca steak 7
blu (*invariable*) blue 10
bocca mouth 11
borsa handbag, purse 10
bottiglia bottle 6
braccio (**le braccia**, *f. pl.*) arm 11
brano paragraph
bravo/a good 5; capable 5; **fare il bravo/la brava** to be good 12
breve brief, short 11
brevemente briefly
brindisi (*m.*) toast (*in someone's honor*) 13
broccoli (*m. pl.*) broccoli 7
brodo broth 7
brutto/a ugly 5; unpleasant 5
buco hole
buffo: che buffo! how funny! 15
bugia lie 10
buono/a good 3; **a buon mercato** inexpensive, cheap 7; **buon compleanno!** happy birthday! 13; **buon giorno** hello, good morning LP; **buona giornata** have a good day LP; **buona notte** good night; **buona sera** good evening LP
burattino puppet
burro butter 7
busta envelope

caffè (*m.*) café 4; coffee 4; **caffè all'aperto** outdoor café
calamari (*m. pl.*) squid 7
calcio soccer 12; **giocare al calcio** to play soccer 12

calcolatrice (*f.*) calculator 1
caldo: avere* caldo to be warm 3; **fare* caldo** to be warm (*weather*) 4
calendario calendar 1
calmo/a calm, tranquil 5
calzare to fit (*shoes, gloves*) 10
calze (*f. pl.*) stockings, hose 10
calzini (*m. pl.*) socks 10
calzoncini (*m. pl.*) shorts 10
cambiamento change
cambiare to change 6; **cambiare casa** to move
cambio the rate of exchange (*for currencies*) 15
camera room, bedroom 14; **camera da letto** bedroom 14; **Camera dei deputati** chamber of representatives 15
cameriera waitress 6
cameriere (*m.*) waiter 4
camicetta blouse 10
camicia man's shirt 10
camino fireplace 14
camion (*m.*) truck 18
campagna countryside 18
campeggio campsite
campo field
campionato tournament 15
Canadà (*m.*) Canada 6
canadese Canadian 5
canale (televisivo) (*m.*) (TV) channel 15
cancellare to erase; to cancel 6
cancro cancer
candidato candidate 15
cane (*m.*) dog 2
cantante (*m. or f.*) singer 16
cantare to sing 3
cantina cellar 14
canto song, chant 4
canzone (*f.*) song
capelli (*m. pl.*) hair 10
capire to understand 5
capitale (*f.*) capital (city) LP
capitare to happen 11
capo chief, boss 17
Capodanno New Year's
capoluogo capital of a region LP
cappello hat 10
cappotto (over)coat 10
cappuccino espresso coffee with steamed milk 3
caratteristica characteristic 5
carciofo artichoke 7
carino/a cute 5

carne (*f.*) meat 7
Carnevale (*m.*) Mardi Gras
caro/a expensive 5; dear
carota carrot 7
carriera career 5
carrozza carriage 6
carta paper 1; map; card 3; **carta telefonica** telephone card; **foglio di carta** sheet of paper 1
cartina map
cartolina postcard
cartoncino card
cartoni animati (*m. pl.*) cartoons 10
casa house 2; **a casa** at home; **a casa tua** at your house
casalinga homemaker 17
caso: in caso che in case, in the event that 16; **per caso** by chance
cassa cashier's desk, counter
cassata Sicilian ice cream with candied fruit
cassetta cassette
castano/a brown (*hair, eyes*) 11
castello castle
casuale casual
catena di montagne mountain chain LP
cattivo/a bad 5
causa cause 15
cavallo horse 6; **andare* a cavallo** to go horseback riding 12
caviglia ankle 11
CD (ciddì) (*m.*) compact disc 1
celebre famous
cellulare (*m.*) cell phone 1
cena supper 8
centesimo cent 7
cento one hundred 1; **cento di questi giorni!** many happy returns! 13
centro downtown, center; **al centro** downtown 2; **il centro commerciale** shopping center 3
cerca: in cerca di in search of 14
cercare to look (for) 3; **cercare (di)** to try to 18
certamente certainly
certo/a certain
cervello brain
che what; that, who 5; **che cosa?** what? 1; **che cosa fai di bello oggi?** what are you up to today? 3; **che si fa?** what are we going to do? 4

chi? who(m)? 3; **a chi?** to whom? 3; **chi altro?** who else?; **con chi?** with whom? 3; **di chi?** whose?
chiamare to call 3; **chiamarsi** to be named, be called (to call oneself) 7; **come si chiama lei?** what is your name? (*formal*) LP; **come ti chiami?** what is your name? (*informal*) LP; **mi chiamo...** my name is . . . LP
chiedere* (*p.p.* **chiesto**) to ask (for) 4; **chiedere di** to ask to 18
chiesa church 3
chilo: al chilo per kilo (*metric weight*) 7
chimica chemistry 2
chissà who knows
chitarra guitar 16
chiudere* (*p.p.* **chiuso**) to close 4
ci there 12; about it 12; us; to us 11; ourselves; **c'è** there is 3; **ci sono** there are 3
ciao hi; bye (*informal*) LP
ciascuno/a each
cibo food 13
ciclismo bicycle riding 12
ciliegia cherry 7
cinema (*m.*) movie house 3; cinema 10
cinese (*m.*) Chinese language 2; (*adj.*) Chinese 2
cinquanta fifty 1
cinque five LP
cipolla onion 7
circolo club
circondare to surround
circondato/a surrounded
circostanza circumstance
città (*f.*) city LP
cittadina town 6
cittadino/a (*m. or f.*) citizen; (*adj.*) (of the) city
clandestino clandestine, secret person 15
clarinetto clarinet 16
classico/a classical 16
clavicembalo harpsichord 16
clima (*m.*) climate
cognata sister-in-law 8
cognato brother-in-law 8
cognome (*m.*) last name
colazione (*f.*) lunch; **(prima) colazione** breakfast 7
collaborare to collaborate

collo neck 11
colloquio job interview 17
colonna column; **colonna sonora** soundtrack 10
colore (*m.*) color 10
coltello knife 13
combattere to fight 16
combinare to combine 17
come like, as 6; **come?** how? 4; **come al solito** as usual 15; **come mai?** how come?; **come sempre** as usual 9; **come sta** (*formal*) **(stai)** (*informal*)? how are you? LP
comico/a comical
cominciare (a) to begin (to) 3
commedia comedy 10; **commedia musicale** musical comedy 10
commentare to comment
commesso/a salesclerk
commissario commissioner 15
comò (*m.*) chest of drawers 14
comodo/a comfortable
compagno/a companion; **compagno/a di camera** roommate; **compagno/a di classe** classmate 10
compagnia company 5
compiere to complete 13; to accomplish
compilare to complete; **compilare il modulo** to fill out the application
compiti (*m. pl.*) homework
compiuto: di senso compiuto coherent, complete
compleanno birthday 13; **buon compleanno!** happy birthday! 13
complesso (musical) group 16
completare to complete
complimenti! (my) compliments! congratulations! 13
complimento: fare* un complimento to pay a compliment
componimento composition
comporre to compose
comportarsi to behave
comprare to buy 3
computer (*m.*) computer 1
comunale municipal 16
comune (*m.*) city hall 15
con with LP
concerto concert 16
concetto concept
concorrenza competition 17

concorso competition, contest 10
condividere to share 14
condizione (*f.*) condition; **a condizione che** provided that, as long as 16
conferire to award
confezione: confezione di caffè packaged coffee
confrontare to compare 10
confusione (*f.*) confusion 4
congettura conjecture
conoscere* to know (*someone or a place*) 4; to meet 4; **conoscersi** to meet each other (*for the first time*) 11; to know each other 11
conosciuto/a known 16
conservatore conservative
consigliare (di) to advise (to) 9
consiglio advice; **consiglio dei ministri** council of ministers 15
consumatore (*m.*) consumer
contattare to contact 14
contatto contact 8
contento/a happy, glad 9
continente (*m.*) continent
continuare (a) to continue (to) 15
contorno side dish 13
contrario/a opposite
contrasto contrast 10; **mettere in contrasto** to contrast
contribuire to contribute 16
controllare to check, to control; to rule
controllo check, inspection 6
convenire* to be convenient 14
convincere (*p.p.* **convinto**) to convince 16; **convincersi** to convince oneself
convivere to live together 8
coppia couple, pair 8
coraggio courage
coro chorus 16
corpo body 11
correggere* (*p.p.* **corretto**) to correct
correre to run 12
corretto/a correct
corsa race; running 12
corso course; **corso di laurea** (university) major 16
cortese courteous, kind, polite 5
cortile (*m.*) courtyard 14
corto/a short 11
cosa thing 8; **che cosa?** what? 1

così so, like that; **così così** so-so LP; **così... come** as . . . as 14
cosmetico/a cosmetic
costare to cost 7
costituzione (*f.*) constitution 15
costoso/a costly, expensive 14
costruire to build
costume (*m.*) costume 5; **costume da bagno** bathing suit 10
cotone (*m.*) cotton 10
cotto/a cooked
cravatta (neck)tie 10
creare to create
credenza sideboard 14
credere (di) to believe 4; to think 4; **credo di sì (no)** I (don't) think so 4; **non ci credo proprio!** I don't believe it! 15
credibile believable 15
credito: carta di credito credit card
crostata pie 7
crudo/a raw
cucchiaino teaspoon 13
cucchiaio spoon 13
cucina kitchen 3; cooking 13
cucinare to cook 13
cugino/a cousin 8
cui who, whom 13
culturale cultural 9
cuoio leather, hide 10
curiosità (*f.*) curiosity
curioso/a curious 10

da from, by 3; at (*someone's house, office*); **da molto tempo** for a long time; **da quanto tempo?** for how long?; **da solo/a** alone 2; **vado da Laura** I'm going to Laura's house; **vengo da te** I'm coming to your house
d'accordo agreed, OK 3
Danimarca (*f.*) Denmark 15
danza dance 4
dare* to give 4; to take (*an exam*) 4; **da'** give (*informal*) 7; **dammi** give me 11; **dare il benvenuto** to welcome 15
davanti (a) in front (of) 3
davvero? really? 5
decidere* (*p.p.* **deciso**) to decide 3; **decidere di** (+ *inf.*) to decide to (*do something*) 4

decisione (*f.*) decision; **prendere una decisione** to make a decision
definire to define 11
democratico/a democratic 15
denaro money 12
dente (*m.*) tooth 1
dentifricio toothpaste 11
dentista (*m. or f.*) dentist 17
deputato representative 15
descritto/a described
descrizione (*f.*) description
desiderare to wish, want 3; to desire 14
desiderio desire 18
destra right (side) 15; **a destra** on the right; (*adj.*) right 11
determinato/a specific, particular
dettare to dictate 14
di (**d'** *before vowels*) of LP; from LP; about 3
dialetto dialect
dialogo dialogue 10
diamante (*m.*) diamond
dicembre (*m.*) December 6
diciannove nineteen LP
diciassette seventeen LP
diciotto eighteen LP
dieci ten LP
difficile difficult 1
difficoltà (*f.*) difficulty
digestivo liqueur thought to aid digestion
dimenticare to forget 3; **dimenticarsi di** to forget (to) 18
dimettersi* (*p.p.* **dimesso**) to resign
dimostrativo/a demonstrative
dinamico/a dynamic, energetic 5
Dio: oh, mio Dio! Oh, my God! 15
dipendere (da) to depend on 12; **dipende** that depends 12
diploma di maturità high school diploma 1
dire* (**di**) to say (to), to tell 6; to declare 18
direttore/direttrice director, manager
dirigente (*m. or f.*) executive 17
discesa downhill; descent
discorso talk
discoteca discotheque 3
discutere (di) to discuss (*something*) 4; to argue 8
disegno drawing 5
disfare* to undo 16

disgrazia accident, misfortune 15; **che disgrazia!** what a disaster! 15

disinvolto/a carefree, self-possessed 5

disoccupato/a unoccupied 16; unemployed 16

disoccupazione (*f.*) unemployment 17

disonesto/a dishonest 5

disorganizzato/a unorganized 16

disperatamente desperately

dispiacere* to be sorry, to mind 11; (*m.*) displeasure, misfortune 16; **ti dispiace se... ?** do you mind if . . . ?; **mi dispiace** I'm sorry 4

distratto/a absent-minded

disturbare to disturb

dito (le dita, *f. pl.*) finger 11; **dito del piede** toe

ditta company

dittatore (*m.*) dictator

divano sofa 14

diventare to become 6

diverso/a different

divertente amusing 5

divertimento fun 12

divertirsi (a) to enjoy oneself, to have fun (doing) 7

divorziare to divorce 8

divorziato/a divorced 8

dizionario dictionary

documentario documentary 10

dodici twelve LP

dolce (*m.*) dessert 7; (*adj.*) sweet 7

domanda question; **fare* una domanda** to ask a question 4

domandare to ask 4

domani tomorrow LP; **a domani** until tomorrow LP; **ci vediamo domani** see you tomorrow LP; **domani mattina** tomorrow morning 4

domattina tomorrow morning 4

domenica Sunday 4

dominante dominating

donna woman 5; **donna d'affari** businesswoman 17

dopo after 4

dopodomani the day after tomorrow 4

doppiare to dub 10

doppiato/a dubbed 10

dormire to sleep 5

dottore/dottoressa doctor LP

dove? where? 2; **di dov'è?** where is he/she from?, where are you (*formal*) from? 1; **di dove sei?** where are you (*informal*) from? 1

dovere* to have to, must, ought 8

dramma (*m.*) drama 16

drammatico/a dramatic 10

dritto straight ahead

dubitare to doubt 16

due two LP; **due volte** twice, two times 9

dunque therefore; well then 6

durare to last

DVD (*m.*) DVD 1

e (*frequently* **ed** *before a vowel*) and LP

eccessivo/a excessive 15

eccezionale exceptional 16

ecco there is, there are LP; **eccolo** here he is

ecologia ecology 18

economia economics 2

economico/a cheap, inexpensive 5

edificio building 18

effetti speciali (*m. pl.*) special effects 10

efficace effective

efficiente efficient

egoista (*m. or f.*) selfish 5

elegante elegant 5

elementare elementary

elenco list

elettore/elettrice voter 15

elettricista (*m. or f.*) electrician 17

elettronico/a electronic 9; **indirizzo elettronico** e-mail address 9; **posta elettronica** e-mail 9

elezione (*f.*) election 15

elicottero helicopter 18; **andare* in elicottero** to go by helicopter 18

eliminare to eliminate

emozionante emotional

energia energy

entrare to enter 3

equitazione (*f.*) horseback riding 12

equivalente equivalent

esagerare to exaggerate 12

esagerato/a exaggerated

esame (*m.*) exam 3; **dare un esame** to take a test 4

escluso/a excluded

esempio example

esercitare to exercise 17; **esercitare una professione (un mestiere)** to practice a profession (skilled craft) 17

esigere to carry out

esistere to exist 17

esperienza experience 8

espressione expression 1

espresso strong coffee without milk 3

esprimere* to express

essere* (*p.p.* **stato**) to be 1; **essere d'accordo** to agree 8

est (*m.*) east LP

estate (*f.*) summer 6

estero: all'estero abroad 6

estivo/a (*adj.*) summer 6

euro euro (*European currency*) 7

europeo/a European 15

evitare to avoid

fa ago 6; **due giorni fa** two days ago 6; **un'ora fa** one hour ago 6

fabbrica factory 17

faccia (le facce, *f. pl.*) face 10

facile easy 11

facilità (*f.*) ease, facility

facilmente easily 18

facoltà (*f.*) school (*of medicine, law, etc.*) 8

fagiolini (*m. pl.*) string beans 7

falso/a false; insincere 5

fama fame

fame (*f.*) hunger 16

famiglia family 2

famoso/a famous LP

fantascienza science fiction 10

fantasia imagination

fantino jockey

fare* (*p.p.* **fatto**) to do 3; to make 3; **fare (l'avvocato, il meccanico,** etc.**)** to be (a lawyer, a mechanic, etc.) 17; **fare acquisti** to make purchases 5; **fare dell'alpinismo** to go mountain climbing 12; **fare attenzione** to pay attention; **fare gli auguri** to wish someone well 13; **fare il bagno** to take a bath (a shower) 11; **fare bel tempo** to be nice (*weather*) 4; **fare bella figura**

to cut a fine figure, make a good impression; **fare il bravo/la brava** to be good 12; **fare caldo** to be hot (*weather*) 4; **fare cattivo tempo** to be bad weather 9; **fare colazione** to have breakfast/lunch 4; **fare controllare (l'olio)** to have the (oil) checked 8; **fare la doccia** to take a shower 11; **fare una domanda** to ask a question 4; **fare due passi** to go for a short walk 4; **fare una festa** to have a party 13; **fare una fotografia** to take a picture 4; **fare freddo** to be cold (*weather*) 4; **fare fresco** to be cool (*weather*) 9; **fare le gare** to compete 12; **fare ginnastica** to work out; **fare un giro** to take a ride 4; to take a short walk 4; **fare una gita** to take a short trip 4; **fare una graduatoria** to rate; **fare male** to hurt, feel pain 11; **fare il meccanico (l'avvocato)** to be a mechanic (lawyer) 17; **fare parte di** to be a member of 15; **fare la parte (di)** to take the part (of); **fare una passeggiata** to take/go for a walk 4; **fare il/la pendolare** to commute 14; **fare piacere** to please 16; **fare il pieno** to fill it up (*the gas tank*) 8; **fare presto** to hurry up; **fare programmi** to make plans 12; **fare quattro salti** to dance (a few steps) 4; **fare regali** to give gifts; **fare sapere** to let know 12; **fare la spesa** to shop (*for food*) 7; **fare le spese** to shop (*for clothes, etc.*); **fare dello sport** to engage in (play) sports 12; **fare uno spuntino** to have a snack 3; **fare una telefonata** to make a phone call 11; **fare il tifo** to root, cheer 12; **fare vedere** to let see; **fare un viaggio** to take a (long) trip 4; **farsi il bagno** to take a bath 11; **farsi la doccia** to take a shower 11; **farsi male** to get hurt
farmacia pharmacy, drugstore 3
farmacista (*m. or f.*) pharmacist 17
fascino charm 18
fata fairy; **fata madrina** fairy godmother 6

fattura bill; **compilare la fattura** to fill out the bill
favoloso/a fabulous 6
favore (*m.*) favor; **per favore** please 3
febbraio February 6
febbre (*f.*) fever 11
fedele faithful
felice happy 16
ferie (*f. pl.*) vacation 17
fermarsi to stop 7
fermata stop (*e.g., bus stop*)
ferro da stiro iron (*appliance*) 14
festa party 5; **fare una festa** to have a party 13
festeggiare to celebrate 13
festival (*m.*) festival 10
fidanzarsi to become engaged 8
figliastro/a stepson/stepdaughter
figlio/a son/daughter 2; **figli** children 2
film (*m.*) film 10; **film d'azione** action film 10; **film di fantascienza** science fiction movie 10; **film giallo** thriller 10; **film dell'orrore** horror film 10
filosofia philosophy 2
finale (*f.*) championship game 15
finalmente finally
finanziario/a financial 15
fine (*f.*) end; **alla fine** in the end 10; **fine settimana** (*m. or f.*) weekend 4
finestra window 1
finire (di) to finish 5
fino until
finora until now
fiore (*m.*) flower
fisarmonica accordion 16
fiscale fiscal
fisica physics 2
fisico/a physical
fiume (*m.*) river LP
flanella flannel
flauto flute 16
foglio di carta sheet of paper 1
folclore (*m.*) folklore 4
folcloristico/a folkloric 4
fondi funds 16
fondo: in fondo at the bottom
forbici (*f. pl.*) scissors 11
forchetta fork 13
formaggio cheese 7; **formaggio mascarpone** Italian-type cream cheese

formulare to formulate; to create
forno (a microonde) (microwave) oven 14
forse perhaps 5
forte strong
fortuna luck, fortune 11; **avere* fortuna** to be lucky; **che fortuna!** what luck! 11
forza: a tutta forza! all out!
foto(grafia) photograph 9
fotografo photographer
fra between, among 3; **fra cinque minuti** in five minutes LP; **fra poco** soon, shortly LP
fragola strawberry 7
francese (*m.*) French language 2; (*adj.*) French 5
Francia France 15
francobollo stamp
frase (*f.*) sentence
fratello brother 1
freddo cold; **fare* freddo** to be cold (*weather*) 4
freno brake 8
frequentare to attend 1
fresco/a fresh, cool 4; **fare* fresco** to be cool (*weather*) 9
fretta hurry
frigo(rifero) refrigerator 13
frutta fruit 7
fruttivendolo/a fruit vendor 7
fuga escape
fuggire to flee 18
funghi (*m. pl.*) mushrooms 7
funzionare to work, function 14
funzionario manager
fuoco fire
fuori outside 2
furbo/a shrewd 5
furto robbery
futuro future; **in futuro** in the future 16

gamba leg 11
gamberi (*m. pl.*) shrimp 7
gara competition (*sports*) 12
garage (*m.*) garage 14
gatto cat 2
gelateria ice cream parlor 3
gelato ice cream 3
generale (*m.*) general 5
generalmente generally, usually

generazione (*f.*) generation
genero son-in-law 8
generoso/a generous 5
genitori (*m. pl.*) parents 8
gennaio January 6
gente (*f.*) people 5
gentile kind, courteous 5
geologia geology 2
Germania Germany 15
gestione (*f.*) management 17
gestire to manage 17
ghiaccio ice
già already 5
giacca jacket 10
giaccone (*m.*) heavy jacket, outerwear 10
giallo/a yellow 10
giapponese (*m.*) Japanese language 2; (*adj.*) Japanese 5
giardino garden 14
ginnastica gymnastics
ginocchio (**le ginocchia**, *f. pl.*) knee 11
giocare to play (*a game*) 3; to play (*a sport*) 12
gioco game 10
giornale (*m.*) newspaper 1
giornaliero/a daily
giornalista (*m. or f.*) journalist 17
giornata day LP; **buona giornata** have a good day LP
giorno day 4; **buon giorno** good morning LP; **cento di questi giorni!** many happy returns! 13
giovane (*adj.*) young 5; (*m. or f.*) young person 9
giovedì (*m.*) Thursday 4
girare to turn; to go around; **girare a destra (sinistra)** to turn to the right (left); to film 10
gita trip, ride; **fare* una gita** to take a short trip 4
giugno June 6
giusto/a correct, right 15
gli the; to him 11
gola throat 11; **mi fa male la gola** my throat hurts 11
golfo gulf LP
gomito elbow 11
gomma tire (*car*) 8
gonna skirt 10
governare to govern 15
governo government 15; administration 15
Gran Bretagna Great Britain 15

grande big 2; large, great 5
granita grainy ice cream; **granita al caffè** ice cream with grains of frozen coffee
grasso/a fat 5
grave serious 11
grazie thanks, thank you LP
grazioso/a charming 14
Grecia Greece 15
greco/a Greek 10
grigio/a gray 10
gruppo group 4
guadagnare to earn 17; **guadagnarsi la vita** to earn one's living 17
guanti (*m. pl.*) gloves 10
guardare to watch, to look (at) 3; **guardarsi allo specchio** to look at oneself in the mirror 11
guardaroba (*m.*) closet 14
guidare to drive 3
gusto taste

hockey (*m.*) hockey 12

idea idea 3
ieri yesterday 6; **l'altro ieri** the day before yesterday 6; **ieri mattina** yesterday morning 6; **ieri pomeriggio** yesterday afternoon 6; **ieri sera** last evening (night) 10; **ieri notte** last night
igienico/a hygienic
immaginare to imagine 16; **immaginarsi** to imagine
immagine (*f.*) image 10
immediato/a immediate 15
imparare (a) to learn (to) 3
impartire ordini to give orders 5
imparziale impartial
impegnato/a busy, engaged 4
impegno appointment; obligation, commitment 12
impermeabile (*m.*) raincoat 10
impiegato/a clerk 17; employee 17
impiego job, employment 17
importante important 15
importanza importance
importare to matter
impossibile impossible 15

impresa business firm 17
impressione (*f.*) impression
improbabile improbable 15
improvvisamente suddenly 17
in in 2; into; at 3
incidente (*m.*) accident 15
incontrare to meet 3; **incontrarsi** to meet (each other) (*at a place*) 11
incontro sports match 12; meeting 15
incoraggiamento encouragement 9
indicato/a indicated
indietro back, behind; **andare* indietro** to back up
indimenticabile unforgettable 16
indipendente independent
indire* (*p.p.* **indetto**) to arrange, organize
indirizzo address 9; **indirizzo elettronico** e-mail address 9
indossare to wear 5; to try on 5; to put on 10
indovinare to guess 12
industrializzato/a industrialized
infelice unhappy 16
informatica computer science 2
informazione (*f.*) information LP
ingegnere (*m.*) engineer
ingegneria engineering 17
ingenuo/a naïve 5
inglese (*m.*) English language LP; (*adj.*) English 5
ingredienti (*m. pl.*) ingredients 7
ingresso admission 12
iniziare to begin, start 9
innamorarsi to fall in love 8; to fall in love with each other 11
inopportuno/a inappropriate, unsuitable 15
inquinamento pollution 18
inquinare to pollute 18
insalata salad 7
insegnare (a) to teach (to) 2
insieme together
insistere to insist 14
insultare to insult 12
intanto meanwhile, in the meantime 4
intelligente intelligent 5
intensivo/a intensive
interdisciplinare interdisciplinary 17
interessante interesting LP
interessare to interest; **interessarsi** to be interested

internazionale international 5
intero/a entire, whole 8
interprete (*m. or f.*) interpreter 16; performer 16
intervista interview
intervistare to interview 17
intervistatore (*m.*) interviewer
intraprendere* to undertake 17
inutile useless 16
invece (di) instead (of) 4
invernale (*adj.*) winter-like 6
inverno winter 6
invertire to reverse
investigatore (*m.*) investigator
investigazione (*f.*) investigation
invitare to invite
invitato/a guest 5
invivibile unlivable 18
Irlanda Ireland 15
irlandese (*m. or f.*) Irish 5
iscriversi (a) to enroll (at) 8
isola island LP
istituzione (*f.*) institution 15
Italia Italy LP
italiano (*m.*) Italian language LP; **italiano/a** Italian 1
italo-americano/a Italian-American

jeans (*m. pl.*) blue jeans 10

là there 6
labbro (**le labbra,** *f. pl.*) lip 11
ladro thief
lago lake LP
lamentarsi to complain
lampada lamp 14
lana wool 10
lasciare to leave (behind) 9
lattaio/a milkman/milkwoman 13
latte (*m.*) milk 7
latteria dairy store 13
lattuga lettuce 7
laurea degree 17; **corso di laurea** (university) major 17
laureando/a degree candidate
laurearsi to graduate 17
lavarsi to wash (oneself) 7; **lavarsi i denti** to brush one's teeth 11; **lavarsi le mani** to wash one's hands 11

lavastoviglie (*f.*) dishwasher 14
lavatrice (*f.*) washing machine 14
lavorare to work 2
lavoro work 17; **che lavoro (fa) fai?** what work do you do? 17
leader (*m. or f.*) leader 15
legge (*f.*) law 1
leggere* (*p.p.* **letto**) to read 4
lei you LP
lentamente slowly 6
letteratura literature 2
letto bed 14
lettore (*m.*) **MP3** MP3 player 1; **lettore DC** CD player 1; **lettore DVD** DVD player 1
levarsi to take off (*clothing*) 10
lezione (*f.*) lesson LP; **hai lezione?** do you have (a) class? LP
lì there 6
liberale liberal
liberamente freely 17
libero/a free 4
libreria bookstore 3; bookcase 14
libro book 1
liceale (*adj.*) high school 1
licenziare to fire (*from a job*) 17; **licenziarsi** to quit (*a job*) 17
liceo high school 1
lieto/a glad 13
limonata lemonade 4
limone (*m.*) lemon 7
lingua language; **lingue straniere** (*f. pl.*) foreign languages 2
lino linen 10
lista list
litigare to argue, quarrel, fight 12
locale local 15
località (*f.*) locale
logico/a logical
lontano (da) far away; far (from) 3
lotteria lottery
luce (*f.*) light 16
luglio July 6
lunedì (*m.*) Monday 4
lungo/a long 5
luogo place 7
lupo: in bocca al lupo! good luck!
lusingato/a flattered 13

ma but LP
macchina car 6; **andare*** in **macchina** to go by car 18
macellaio/a butcher 13

macelleria butcher shop 13
madre (*f.*) mother 2
madrina godmother
maga witch, magician
maggio May 6
maggioranza majority 15
maggiore greater 15; older 15; **la maggior parte** the majority 15
maglia sweater 10
maglietta T-shirt 10
magnifico/a magnificent
magro/a thin 5
mah oh LP
mai ever, never; **non... mai** never, not . . . ever 8
maiale (*m.*) pork 7
maiuscola capital (letter)
male bad LP; **meno male!** all the better! 15; **non c'è male** not too bad LP
mamma mother 1
mancare to miss, to be missing 16
mancia tip, gratuity 3
mandare to send 3
mangiare to eat 3
manica sleeve 10
maniera manner
manifestazione (*f.*) demonstration 15; exhibition 16
mano (*f.*) hand 11
marca make, brand name 6
mare (*m.*) sea LP
marito husband 2
marrone (*invariable*) brown 10
martedì (*m.*) Tuesday 4
marzo March 6
maschera mask 5
mascherato/a masked
massimo/a greatest, maximum 15
matematica mathematics LP
materiale (*m.*) material 10
matita pencil 1
matrigna stepmother 8
mattina morning 2; in the morning 4; **di mattina** in the morning 2; **domani mattina (domattina)** tomorrow morning 4
meccanico mechanic 6
medicina medicine 1
medico doctor 17
Medioevo Middle Ages
meglio (*adv.*) better 8
mela apple 7
melanzana eggplant 7
membro member 15

meno less, minus (*with time*) 2; **a meno che** unless; **meno... di** less . . . than 14; **meno male!** all the better! 15

mensile (*adj.*) monthly 14

mente: in mente on one's mind; **avere* in mente** to intend, to have in mind 9

mentre while 3

menù (*m.*) menu 4

meravigliarsi to be surprised (at)

mercato market 3

mercoledì (*m.*) Wednesday 4

merito merit 13

merluzzo cod 7

mese (*m.*) month 6

messaggio message 9

messicano/a Mexican 5

mestiere (*m.*) trade, profession 17; **che mestiere (fa) fai?** what is your occupation? 17

metropoli (*f.*) metropolis 18

metropolitana subway 18; **prendere la metropolitana** to take the subway 18

mettere* (*p.p.* **messo**) to put, place 4; **mettersi** to put on (*clothing*) 7; **mettersi a** (+ *inf.*) to begin, start to (*do something*) 7

mezzanotte midnight 2

mezzo/a half 2; **sono le... e mezzo** it's half-past . . . 2; **mezzo di trasporto** means of transportation 18; **mezzo pubblico** public transportation 18

mezzogiorno noon 2

mezz'ora half-hour 6

migliore (*adj.*) better 15

milione (*m.*) one million 7

militare military 5

mille one thousand 1

mimare to act out

minacciare to threaten

minestra soup 7

minimo/a smallest, minimum 15

ministro minister 15; **Ministro degli Esteri** foreign minister 15; **primo ministro** prime minister 15

minoranza minority 15

minore less 15; younger 15

minuscola lowercase (letter)

mio/a my 2

misura size (*clothing, shoes*) 10

misurare to measure

moda fashion 10

moderno/a modern 4

modificazione (*f.*) modification LP

modo manner, way, means; **di modo che** so that, in order that

moglie (*f.*) wife 2

molti/e many 5

moltissimo/a very much

molto (*adv.*) very, a lot, a great deal LP; much, a lot 5; **molto bene** very well LP

molto/a much, many

momento moment; **per il momento** for the time being

monarchia monarchy 15; **monarchia costituzionale** constitutional monarchy 15

mondo world

moneta money

montagna mountain LP; **in montagna** to the mountains 8

monumento monument 9

morire* (*p.p.* **morto**) to die 6

mortale fatal 15

mostra exhibit 10

mostrare to show

motivo reason

moto(cicletta) motorcycle 6; **andare* in motocicletta** to go by motorcycle 18

motorino moped 1

museo museum 3

musica music 1; **musica leggera** popular music

nascere* (*p.p.* **nato**) to be born 6

naso nose 11

nave (*f.*) ship 9; **andare* con la nave** to go by ship 18

nazione (*f.*) nation, country 15

nazionale national LP

ne of it, of them 12; about it, about them 12

né... né: non... né... né neither . . . nor 9

neanche: non... neanche not even 9

nebbia fog 9; **c'è la nebbia** it's foggy 9

necessario/a necessary 15

negozio store 3

nemico/a enemy 10

nemmeno: non... nemmeno not even 9

neppure: non... neppure not even 9

nero/a black 10

nervoso/a nervous 5

nessuno/a nobody; **non... nessuno/a** not any 9; nobody 9

netto/a sharp, distinct 10

neve (*f.*) snow 11

nevicare to snow 9

niente no, none, nothing; **non... niente** nothing 9; **niente di speciale** nothing special 3; **per niente** at all; **proprio un bel niente** absolutely nothing 10

nipote (*m.*) grandson 8; nephew 8; (*f.*) granddaughter 8; niece 8

no no LP

noioso/a boring 5

noleggiare to rent (*a car*) 8

nome (*m.*) name; noun

nominato/a appointed, named

non not; **non c'è male** not too bad LP; **non... ancora** not . . . yet 8; **non... mai** never 8

nonna grandmother 8

nonno grandfather 8; **nonni** (*m. pl.*) grandparents 8

nonostante although, even though

nord (*m.*) north LP

nostalgia nostalgia; **provare nostalgia (di)** to be homesick 9

notizia news 9; news item

notte (*f.*) (at) night 4

novanta ninety 1

nove nine LP

novembre (*m.*) November 6

nulla: non... nulla nothing 9

numero (shoe) size 10; number

nuora daughter-in-law 8

nuotare to swim 11

nuoto swimming 12

nuovo/a new 5

nuvoloso/a cloudy; **è nuvoloso** it's cloudy 9

o or 1

oboe (*m.*) oboe 16

occasione (*f.*) occasion 13; **avere* l'occasione** to have the chance, opportunity 16

occhiali (*m. pl.*) eyeglasses; **occhiali da neve** ski goggles; **occhiali da sole** sunglasses

occhio eye 11

occuparsi (di) to attend to 13
occupato/a occupied 9; employed 16
odiare to hate; **odiarsi** to hate each other 11
odori (*m. pl.*) herbs 7
offerta offer 14
offrire* (*p.p.* **offerto**) to offer 5
oggetto object
oggi today 3
ogni (*invariable*) every 4; each, every 9; **ogni anno** each year 9; **ogni tanto** once in a while 9
ognuno/a each one
Olanda Holland 15
olio oil 7; **olio d'oliva** olive oil 7
oliva olive
omaggio: in omaggio complimentary, free
omicidio homicide, murder
onda: andare* in onda to be broadcast, to go on the air 15
onesto/a honest 5
opera opera 16; deed 16; **opera d'arte** work of art 9
operaio/a blue-collar worker 17
opinione (*f.*) opinion
opportuno/a appropriate, suitable 15
opposto/a opposite; opposing 15
opuscolo pamphlet 16
ora (*adv.*) now; (*noun*) hour 2; **a che ora?** at what time? 2; **che ora è? / che ore sono?** what time is it? 2; **è ora** it's time 15; **sarebbe ora!** it's about time! 15
orario schedule
orchestra orchestra 16
ordinare to order 3
ordine (*m.*) order 5
orecchio ear 11
organizzare to organize
organizzato/a organized 16
organo organ 16
orientarsi to orient oneself 17
originale original LP
ormai by now
orologio watch 1; clock 1
orrore (*m.*) horror; **film dell'orrore** (*m.*) horror film 10
orsacchiotto teddy bear
oscillare to swing 15
ospedale (*m.*) hospital 3
ottanta eighty 1

ottenere* to obtain, get 8
ottimista (*m. or f.*) optimist
ottimo excellent 15
otto eight LP
ottobre (*m.*) October 6
ottocento nineteenth century, the 1800s 5
ovest (*m.*) west LP

pacchetto package
padre (*m.*) father 2
paese (*m.*) country LP; small town LP
pagare to pay (for) 3
paio (**le paia**, *f. pl.*) pair 11
palazzo building; palace; apartment house
palestra gym
pallacanestro basketball 12; **giocare a pallacanestro** to play basketball 12
pallavolo volleyball 12
pallone (*m.*) soccer 12; **giocare a pallone** to play soccer 12
pane (*m.*) bread 7
panetteria bakery 13
panettiere/a baker 13
panino sandwich 3; **panino al prosciutto** ham sandwich 4
panorama (*m.*) panorama 6
pantaloni (*m. pl.*) pants, trousers 10
Papa (*m.*) Pope 15
papà (*m.*) dad, father
paragonare to compare
paragrafo paragraph
parcheggiare to park 8
parcheggio parking (lot, garage) 3; **parcheggio a pagamento** pay parking 8
parco park 3
parente (*m.*) relative 8
parentesi (*f. pl.*) parentheses
parere (*m.*) opinion 17; (*verb*) to seem 16; **pare (che)** it seems (that) 15
parete (*f.*) (interior) wall 14
parlamentare parliamentary 15
parlamento parliament 15
parlare to speak, talk 3; **parlarsi** to speak to each other 11
parola word; **parola analoga** cognate

parte: la maggior parte the majority 15; **fare parte di** to be a member of 15
partenza: in partenza leaving, setting out on a trip
particolare (*adj.*) particular 18; special
particolarmente particularly 18
partire to leave, depart 5
partita game (*sports*) 12
partito political party 15
passaporto passport 8
passare to pass 3; to come by 3; to proceed; to spend time 3; **passo da te** I'll come by your house 3
passeggiare to walk, to take a walk 3
passeggiata: fare* una passeggiata to take/go for a walk 4
passaggio ride
passione (*f.*) passion 10
pasta pasta 7; pastry 7
pastasciutta pasta dish (*served with a sauce*) 7
pasticceria pastry shop 13
pasticciere/a confectioner 13
pasto meal 13
patata potato 7
patente di guida (*f.*) driver's license 8
patrigno stepfather 8
pattinaggio skating 12
pattinare to skate 12
paura fear; **avere paura (di)** to be afraid (of) 3
pausa: la pausa pubblicitaria commercial break 17
pavimento floor 14
pazzo/a crazy
peccato: che peccato! what a shame! LP
peggio (*adv.*) worse 15
peggiore (*adj.*) worse 15
pelle (*f.*) leather, hide 10
pendolare (*m. or f.*) commuter; **fare* il/la pendolare** to commute 14
penisola peninsula LP
penna pen 1
pensare to think (of) 3; **pensare a** (+ *noun*) to think of 3; **pensare di** to intend to 8; to think to 8; to think about 18; **pensare di** (+ *inf.*) to plan to (*do something*) 9

pepe (*m.*) pepper 7
peperone (*m.*) pepper 7
per for 3; **per lo più** mostly 15; **per me** for me 3; **per tutti e due** for both 12
pera pear 7
perché? why? 3; **perché** because 3; in order that, so that 16; **perché no?** why not? 4
perciò therefore 10
perdere* (*p.p.* **perso, perduto**) to lose 4; **perdere tempo** to waste time 4
pericolo danger
pericoloso/a dangerous
periferia suburb
permettere* (di) to allow to 18
però but, however
persona person 12; **le persone** people
personaggio character 16; celebrity 10
personalità (*f.*) personality
pesante heavy
pesca peach 7
pesce (*m.*) fish 7
pescheria fish market 13
pescivendolo/a fish vendor 13
peso weight
pessimista (*m. or f.*) pessimist
pessimo/a terrible, awful 15
pettinarsi i capelli to comb one's hair 11
pettine (*m.*) comb 11
piacere* to like, to be pleasing LP; **mi piace** I like LP; **mi piacciono** (+ *plural noun*) I like 2; **non mi piace** I don't like LP; **ti piace?** do you like? LP; **a lei piace?** do you like? (*formal*) 1; **a lui/a lei piace?** does he/she like? 1; **piacere** (*m.*) pleasure 16; **piacere!** how do you do! LP; **fare* piacere** to please 16
pianista (*m. or f.*) pianist 17
pianoforte (*m.*) piano 16
piattino saucer 13; small plate
piatto dish, plate 13; dish (*food*) 13; **primo piatto** first course 13; **secondo piatto** second course 13
piazza square
piccolo/a small, little 2
piede (*m.*) foot 11; **andare* a piedi** to go on foot 18; **mettere* piede (su)** to set foot (on)

pigro/a lazy 5
pioggia acida acid rain 18
piovere to rain 9
piscina swimming pool 12
piselli (*m. pl.*) peas 7
pista trail 11
pittoresco/a picturesque 6
più more; **non... più** not anymore 9; no longer 6; **per lo più** mostly 15; **più... di** more . . . than 14
piuttosto rather
pizza pizza 6
pizzeria pizza parlor 6
Po Po (river) LP
po' (*contraction for poco*) little; **un bel po' di** quite a lot of 8; **un po' di** (+ *noun*) a little bit of (*something*) 4
poco/a (*pl.* **pochi/poche**) little, few; **fra poco** soon, shortly LP
poema (*m.*) poem
poi then, afterwards 7; after (all)
polemica argument; controversy
poliestere (*m.*) polyester 10
politica politics 15
politico (*noun*) politician 15; **politico/a** (*adj.*) political 15
pollo chicken 7
Polonia Poland 15
poltrona armchair 14
pomeriggio afternoon 3; **del pomeriggio** in the afternoon 2; **domani pomeriggio** tomorrow afternoon 4; **giovedì pomeriggio** Thursday afternoon 4; **oggi pomeriggio** this afternoon 3
pomodoro tomato 7
pompelmo grapefruit 7
popolo people, public
porco pig 10
porta door
portare to bring 3; to wear 3
portiere (*m.*) doorman
porto port LP
Portogallo Portugal 15
possibile possible LP
possibilità (*f.*) possibility 17
posta mail 9; **posta elettronica** e-mail 9
posto seat 12; place 11; job, position 17; **al posto di** in place of; **posto riservato** reserved seat
potere* (*verb*) to be able (to), can 8; (*noun m.*) power

povero/a poor 5
pranzo dinner 13; lunch, main meal taken at noon 13
pratica practice 1
praticare to practice
pratico/a practical
precisamente precisely 9
preciso/a precise
predizioni (*f. pl.*) predictions
preferibile preferable 15
preferire to prefer (to) 5; **preferisce... ?** do you (*formal*) prefer . . . ?
preferito/a favorite 10
pregare to pray; to beg; **ti prego** I beg you 8
prendere* (*p.p.* **preso**) to take 3; to get 4; to have (*in the sense of to eat or drink*) 3; to pick up 3; **prendere in affitto** to lease, to rent 14; **prendere appunti** to take notes; **prendere la metropolitana** to take the subway 18
prenotare to make reservations, reserve 8
prenotazione (*f.*) reservation 16; **fare* le prenotazioni** to make reservations 8
preoccuparsi (di) to worry (about) 7
preparare to prepare; **prepararsi** to get ready 7; **prepararsi per** (+ *inf.*) to prepare oneself to, to get ready to 7
preparazione (*f.*) preparation 17
presentare to introduce; to present 10; **presentarsi** to introduce oneself
presentato/a presented
presentazione (*f.*) introduction
presidente (*m. or f.*) president 15; **Presidente del Consiglio** Prime Minister 15
presso at 14; near 14
prestare to lend, loan 11; **prestare attenzione** to pay attention
presto early 7; soon; **a presto** see you soon LP; **al più presto** as soon as possible
previsioni del tempo (*f. pl.*) weather forecast
prezzo price 11; **a buon prezzo** at a good price 11

prima before 9; **prima di** before;
  quanto prima as soon as
  possible; **prima che** before
primavera spring 6
primaverile (*adj.*) spring-like 6
principale (*adj.*) main 16
privato/a private 17
probabile probable 15
probabilmente probably
problema (*m.*) problem 5
produttore/produttrice
  producer 10
professione (*f.*) profession 17
professore/professoressa
  professor LP
progetto project
programma (*m.*) program 4; plan 8;
  che cos'è in programma? what's
  playing? 4; what's planned?
programmare to plan, program 11
promessa promise
promettere* (di) (*p.p.* **promesso**)
  to promise (to) 4
pronto/a (*adj.*) ready; **pronto?**
  hello? (*on the phone*) 3
pronuncia pronunciation
proposito purpose; **a proposito** by
  the way
proprio really 13; (*adj.*) one's own 12
prosciutto cured ham 7; **panino al
  prosciutto** ham sandwich 4
prossimo/a next 8
provare to feel, experience 9;
  provare nostalgia di to be
  homesick for 9
provincia province LP
provvedimento measure,
  precaution 18
prudente careful, cautious 5
psicologia psychology 2
psicologo psychologist 10
pubblicare to publish
pubblici: mezzo pubblico (*m. pl.*)
  public transportation 18
pugliese from the region of Puglia
pulire to clean 5
punto point; period (*punctuation*);
  punto esclamativo exclamation
  point; **punto interrogativo**
  question mark; **punto di vista**
  point of view
puntuale: essere* puntuale to be
  on time LP
purché provided that, as long as

qua here 14
quaderno notebook 1
quadrato/a square; **metro
  quadrato** square meter
quadri: a quadri checked
  (*pattern*) 10
quadro painting 14
qualche some
qualcosa something 3; **qualcosa
  da mangiare e da bere**
  something to eat and drink
qual/e? (*pl.* **quali**) which? 4;
  which one?
qualifica qualification 17
qualità (*f.*) quality
qualsiasi whichever, any
quando when; whenever 3; **di
  quando in quando** from time to
  time 9; **quando?** when? 4
quantità (*f.*) quantity 7
quanto/a? how much? 4; **quanti/e**
  how many? 4; **quante volte** how
  many times; **quanti anni ha?**
  how old is he/she? how old are
  you (*formal*)? 1; **quanti anni hai?**
  how old are you (*informal*)? 1;
  quanto costa? how much is it? 7
quaranta forty 1
quartiere (*m.*) neighborhood 7
quarto quarter 2; **sono le... meno
  un quarto** it's a quarter to . . . 2
quasi almost
quattordici fourteen LP
quattro four LP
quello/a that, that one 8; **quello
  che** that which, the one that
questionario questionnaire
questo/a this 3; this one 8
qui here 5
quindi therefore
quindici fifteen LP

raccolta collection 16
raccontare to tell, narrate
radersi (la barba) to shave (one's
  beard) 11
radio (*f.*) radio 1
radiologo radiologist 10
rado: di rado seldom 9

raffigurato/a drawn, sketched
raffreddore (*m.*) cold (*illness*)
ragazza girl 5; girlfriend 6
ragazzo boy 6; boyfriend 6
ragione (*f.*) reason; **avere*
  ragione** to be right 3
rapidamente rapidly
rapporto: rapporto molto stretto
  close relationship
rappresentante (*m. or f.*)
  representative 15
rappresentato/a represented
raramente rarely 18
rasoio (elettrico) (electric) razor 11
rayon (*m.*) rayon 10
re (*m.*) king 15
reagire to react
realtà (*f.*) reality
recarsi to go 15
recentemente recently 11
reciproco/a reciprocal
recitare to recite; to play a part
regalare to give as a gift 11
regalo gift
regina queen 15
regione (*f.*) region LP
regista (*m. or f.*) film director 10
registratore (*m.*) cassette recorder
  1; **registratore (di) DVD** DVD
  recorder 1
regola rule
religioso/a religious
repubblica republic 15
repubblicano/a republican 15
respirare to breathe 18
responsabile responsible 8
responsabilità (*f.*) responsibility
restare to stay, remain 6
restituire to give back 5
resto remainder, rest 12
rete (televisiva) (*f.*) (TV)
  network 15
riaggiustare to fix again 16
riaprire to open again 16
ricco/a rich 5
ricevere to receive 4
richiedere* to require 17; to seek 17
riciclaggio recycling 18
riciclare to recycle 18
riconoscere* to recognize
ricordare to remember 3; to
  remind 15; **ricordarsi (di)** to
  remember (to)
ricostruzione reconstruction 16

riempire to fill out
rifare* to do again 16
riferire to refer
rifiuti (urbani) (*m. pl.*) waste, rubbish 18
riga line
righe: a righe striped 10
rileggere* to read again 16
rimanere* (*p.p.* **rimasto**) to remain 6
ringraziare to thank 13
rinomato/a well-known; celebrated
ripagare to pay back
ripetizione (*f.*) repetition
riposante slow, restful
ripresa: essere* in ripresa to have a revival 10
ripulire to clean up
riscaldamento heat 14
riservato/a reserved 12
riso rice 7
rispetto a with regard to
rispondere* to answer, respond 4
risposta answer
ristorante (*m.*) restaurant 3
risultato result
ritardo: essere* in ritardo to be late LP
riunirsi to get together 13
riuscire* (**a**) to succeed (in, at) 17
rivelare to reveal
rivenditore (*m.*) dealer, seller 12
rivista magazine 1
rivolgersi (a) to turn (to) 13
romano/a Roman 5
romantico/a romantic
rompere* (*p.p.* **rotto**) to break 11; **rompersi (un braccio,** etc.) to break (one's arm, etc.) 11
rosa (*invariable*) pink 10
rosso/a red 6
rubrica newspaper column
rumore (*m.*) noise 2
rumoroso/a noisy
ruolo role
Russia Russia 15
russo (*m.*) Russian language 2; **russo/a** Russian 5

S

sabato Saturday 4; **sabato sera** Saturday evening 4
sala da pranzo dining room 14

salame (*m.*) salami 7
salario wage, pay 17
sale (*m.*) salt 7
salire* to get on, board; to rise; to climb
salotto living room 14
salumeria delicatessen 13
salumiere/a delicatessen owner 13
salutare to greet 9; **salutarsi** to greet one another 11
salute (*f.*) health; **salute!** bless you!
salvaguardare to save, safeguard, preserve 18
salve hello LP
sandali (*m. pl.*) sandals 10
sapere* to know 10; to know how to 10; **non lo so** I don't know 5
sapone (*m.*) soap 11
sardo/a Sardinian 4
sassofono saxophone 16
sbagliato/a wrong
sbarcare to land 15
sbarco landing 15
scaffale (*m.*) shelf 14
scalare to climb; **scalare una montagna** to climb a mountain
scale (*f. pl.*) stairs 14
scalinata stairs, steps
scambio exchange
scampi (*m. pl.*) prawns 7
scapolo: essere* scapolo to be single (*male*)
scarpa shoe 10
scarpetta slipper 6; **scarpette da ginnastica** (*f. pl.*) sneakers 10
scarponi (*m. pl.*) boots
scegliere* (*p.p.* **scelto**) to choose 8; **scegliere una professione (un mestiere)** to choose a profession (occupation) 17
scelta choice 7
scena scene 13
scenario scenery 16
sceneggiatore/sceneggiatrice screenwriter 10
sceneggiatura screenplay 10
scendere* (*p.p.* **sceso**) to go down, descend 6
schema (*m.*) pattern
scherzare to joke 13
schieramento alignment 15
sci (*m.*) ski 11; skiing 11; **lo sci di fondo** cross-country skiing

sciare to ski 11
sciarpa scarf
scientifico/a scientific 1
scienza science; **scienze naturali** natural sciences 2; **scienze politiche** political science 2
scienziato/a scientist
sciocco/a foolish 12
sciogliersi to melt
scodella bowl 13
sconfiggere to defeat
sconosciuto/a unknown 16
sconsigliare to advise against 16
scontento/a unhappy 16
scontrino receipt
scoperto/a discovered
scoprire to discover
scorso/a last, previous, past 5; **la settimana scorsa** last week 6
scortese unkind, rude 5
scremato/a without cream, skim (*milk*)
scrittore/scrittrice writer 17
scrivania desk 14
scrivere* (*p.p.* **scritto**) to write 4; **scriversi** to write to each other 11
scuola school
scusa excuse
scusare to excuse 13; **scusa** excuse me (*informal*) LP; **scusi** excuse me (*formal*) 4
se if 4
sebbene although, even though 16
secolo century
secondo according to; (*adj.*) second
sedersi* to sit
sedia chair 1
sedici sixteen LP
seguente following
seguire to follow 5; to take (*courses*) 5
sei six LP
sembrare to seem 14; **mi sembra** it seems to me, I think 7; **sembra (che)** it seems (that) 15
semplice simple 5
sempre always 6; still 18
senato senate 15
senatore/senatrice senator 15
senso: di senso compiuto coherent, complete
sentimento feeling
sentire to hear 5; to listen; to feel 5; **sentirsi** to feel 7; to talk with each other 11

senza without; **senza che** without

separato/a separated 8

sera evening 4; **di sera** in the evening 2; **domani sera** tomorrow night 4

serata evening 16

sereno/a clear; **è sereno** it's clear 9

serie (*f.*) series

seriamente seriously 18

serio/a serious 15; **parlare sul serio** to be serious

servire to serve; to be useful 5; **servirsi** to help oneself 13

sessanta sixty 1

seta silk 10

settanta seventy 1

sette seven LP

settembre (*m.*) September 6

settimana week 4; **fine settimana** (*m. or f.*) weekend 4; **settimana bianca** week of skiing

sfidare to challenge

sfortuna bad luck 16

sgarbato/a rude 5

sgargiante gaudy 10

sgretolarsi to fall to pieces

shampoo (*m.*) shampoo 11

sì yes LP

sicuro/a sure, certain; fine 16

significato meaning; **di significato opposto** of opposite meaning

signor (+ *last name*) Mr. LP

signora Ma'am LP; **signora** (+ *last name*) Mrs. LP

signore (*m.*) sir LP

signorina Miss LP; **signorina** (+ *last name*) Miss LP

simpatico/a nice, pleasant 5

sincerità (*f.*) sincerity

sincero/a sincere 5

sindaco mayor 15

sinistra left (side) 15; **a sinistra** to, at the left 7; (*adj.*) left 11

sistema (*m.*) system

sistemare to resolve; **sistemarsi** to get a job 17; to get settled 17

situazione situation 1

smettere* (di) to stop

sociale social 9

società (*f.*) society 5

sociologia sociology 2

soffitta attic 14

soffitto ceiling 14

soffocare to suffocate

soffrire* (*p.p.* **sofferto**) to suffer 5

soggetto subject, topic

soggiorno stay 11

sogliola sole (*fish*) 7

soldi (*m. pl.*) money 7

sole: c'è il sole it's sunny 9

solito/a same old, usual 13; **di solito** usually 4; **come al solito** as usual 15

solo/a only; **da solo/a** alone 2

sommato: tutto sommato all told; in sum

sondaggio survey

sonno sleep; **avere* sonno** to be sleepy 3

soprano soprano 16

sorella sister 1

sorellastra stepsister 6

sorprendere* to surprise 16

sorpreso/a surprised 16

sostenere to support 16

sostenere* un colloquio to have a job interview 17

sostituire (con) to replace (with)

sotto under

sottotitolo subtitle 10

Spagna Spain 9

spagnolo (*m.*) Spanish language 2; **spagnolo/a** Spanish 5

spalla shoulder 11

spazzola per capelli hairbrush 11

spazzolino da denti toothbrush 11

specchio mirror 11

speciale special LP; **niente di speciale** nothing special 3

specialità (*f.*) specialty

specializzarsi (a) to specialize (in) 17

specifico/a specific

spedire to send 5

spendere* (*p.p.* **speso**) to spend (*money*) 4

sperare (di) to hope (to) 14

spesa expense 8; **fare* la spesa** to shop (*for food*) 7; **fare* le spese** to shop (*for clothes, etc.*)

spesso often 4

spettacolare spectacular 12

spettacolo show 4; show business

spiaggia beach 6

spiegare to explain 11

spinaci (*m. pl.*) spinach 7

spiritoso/a wise guy 13; (*adj.*) witty, clever; **fare* lo spiritoso** to be a wise guy

spogliarsi to undress 10

sporco/a dirty

sport (*m.*) sport 1

sportivo/a pertaining to sports 11

sposarsi to get married 8; to marry each other 11

sposato/a married 2

spremuta d'arancia freshly squeezed orange juice 4

spugna sponge 11

spumante (*m.*) sparkling wine 13

spuntino snack 3; **fare* uno spuntino** to have a snack 3

squadra team 1

squillare to ring 3

squisito/a delicious 13

stabilire to establish

stabilizzare to stabilize 15

stadio stadium 3

stagione (*f.*) season 6

stamattina this morning 4

stanco/a tired 10

stanotte tonight 4

stanza room 14

stare* to be 4; to stay, be in a place 4; **come sta?** (*formal*) how are you? LP; **come stai?** (*informal*) how are you? LP; **stare per** (+ *inf.*) to be about to (*do something*)

stasera this evening 4

Stati Uniti (*m. pl.*) United States 6

stato state 15

statua statue 18

stazione (*f.*) train station 3; **stazione di servizio** service station 8; **stazione sciistica** ski resort

stella star 10

stereo stereo 1

stesso/a same 5

stilista (*m. or f.*) designer 10

stimolante challenging 17

stipendio salary 17

stirare to iron 14

stiro: ferro da stiro iron (*appliance*) 14

stivali (*m. pl.*) boots 10

stomaco stomach 11

storia history LP; story

storico/a historical

stoviglie (*f. pl.*) utensils

straniero/a foreign 9; **lingue straniere** (*f. pl.*) foreign languages 2

stressante stressful 18
stretto strait LP; **stretto/a** close, tight 17
strumento: strumento musicale musical instrument 16
studente/studentessa student LP
studiare to study 1
studio study, den 14; **studio medico** doctor's office
stupendo/a stupendous 6
stupido/a stupid 5
su on 3
subito right away, immediately 4
succedere (*p.p.* **successo**) to happen 15
sud (*f.*) south LP
sufficiente sufficient, enough 17
suggerimento suggestion 17
suggerire (di) to suggest 5
suggerito/a suggested
suocera mother-in-law 8
suocero father-in-law 8
suonare to play (*music, an instrument*) 16
suono sound LP
supermercato supermarket 3
supporre to suppose, assume
svantaggio disadvantage 18
svegliarsi to wake up 7
sviluppo development
Svizzera Switzerland 15
svolgere* (*p.p.* **svolto**) to carry out (*an order*); **svolgere una professione (un mestiere)** to practice a profession (skilled craft) 17

T

tacchino turkey 7
taglia size (*clothing*) 10
tagliacarte (*f.*) letter opener
tagliare to cut; **tagliarsi i capelli (le unghie)** to cut one's hair (nails) 11
tamburo drum 16
tanto/a so much, so; **di tanto in tanto** every now and then 9; **tanto... quanto** as . . . as 14
tappeto rug 14
tardare to be late
tardi late 4; **a più tardi** until later LP
tasca pocket
tassì (*m.*) taxi 18; **andare* in tassì** to go by taxi 18

tavolo table 1; **tavola** table 8; **a tavola** at the (dinner) table 8
tazza cup 13
tazzina small cup, demitasse
tè (*m.*) tea 4; **tè freddo** iced tea 4
teatro theater 3
tedesco (*m.*) German language 2; **tedesco/a** German 5
telefonare to telephone 3
telefonino cell phone 1
telefono telephone 1
telegiornale (*m.*) TV newscast 15
telegramma (*m.*) telegram
telenovela soap opera
telespettatore/telespettatrice TV viewer 15
televisione (*f.*) TV
televisivo/a televised 15
televisore (*m.*) television set 1
tema (*m.*) theme
temere to fear 16
tempo weather 9; time; **a tempo parziale** part-time; **a tempo pieno** full-time; **che tempo fa?** what's the weather like? 9; **da molto tempo** for a long time; **da quanto tempo?** for how long?; **fare bel tempo** to be nice weather 4; **fare cattivo tempo** to be bad weather 9; **molto tempo fa** a long time ago 6; **poco tempo fa** not long ago, a little while ago 6; **qualche tempo fa** some time ago 6; **quanto tempo fa?** how long ago? 6
tenda curtain 14; tent
tennis (*m.*) tennis 12
tenore (*m.*) tenor 16
teorema (*m.*) theorem
tesi (*f.*) thesis
tessuto cloth 10
testa head 11; **ti (le) fa male la testa?** do you have a headache? 11
testimoniare to witness
ti to you 11
tifoso/a fan 12
timido/a shy, timid 5
tinta: a tinta unita solid color 10
tiramisù (*m.*) a dessert made with coffee, marscarpone cheese, cream, and chocolate 7
titolo title; headline 15
tivvù (*f.*) TV; **tivvù a pagamento** pay TV

toga toga 5
topolino mouse 6
torinese from Turin 11
tornare to return 3
torta cake 7
totalmente totally
tovagliolo napkin 13
tra between, among 3; **tra l'altro** besides
tradizione (*f.*) tradition LP
traffico traffic 2
traghetto ferry 18; **andare* in traghetto** to go by boat / ferry 18
traguardo finish line
tram (*m.*) streetcar, trolley 18; **andare* in tram** to go by trolley 18
tramezzino sandwich 4; **tramezzino al tonno** tuna sandwich 4
tranquillo/a tranquil, quiet 14
trascorrere* (*p.p.* **trascorso**) to spend (*time*) 9
trasferirsi to move (oneself) 14
trasformare to transform
trasmettere* to broadcast; to communicate (*p.p.* trasmesso)
trasmissione (*f.*) broadcast, transmission 17
trattare (di) to be about, to deal with 10; **trattarsi (di)** to be about 8; **di che si tratta?** what is it all about?
trattoria small family restaurant
tre three LP
tredici thirteen LP
tremendo/a tremendous 12
treno train 18; **andare* in treno** to go by train 18
trenta thirty 1
triste unhappy, sad 5
tristemente sadly
tromba trumpet 16
troppo too, too much 8
trovare to find 3
tu you (*informal*) LP
tuo/a your 2
turismo tourism 18
turno: a turno in turn
tutto/a all 5; everything; **tutte le sere (settimane)** every evening (week) 9; **tutti** everybody 9; **tutti i giorni (mesi)** every day (month) 9; **in tutto** on the whole 7; **per tutti e due** for both 12

ubbidire to obey 5
ufficio office 3; **ufficio postale** post office 3
uguale equal
ultimo/a latest 6; last (*in a series*) 6
umanità (*f.*) humanity 5
umido/a humid 9
umore (*m.*) humor
umorismo humor; **senso dell'umorismo** sense of humor
undici eleven LP
Ungheria Hungary 15
unghie (*f. pl.*) nails 11
unificare to unite, unify
uniforme (*f.*) uniform 5
Unione europea (Ue) (*f.*) European Union
università (*f.*) university LP; **all'università** at the university 2
universitario/a pertaining to the university 1
uno/a one LP
uomo (uomini, *pl.***)** man; **uomo d'affari** businessman 17
uovo (le uova, *f. pl.***)** egg 7
usare to use 3
usato/a used
uscire* to go out 3
utenze (*f. pl.*) utilities 14
utile useful 16
uva grape(s) 7

vacanza vacation 6; **in vacanza** on vacation 6
vado I go 1
vai you go (*informal*) 1
valido/a valid 14
valigia suitcase 8; **fare* le valige** to pack the suitcases 8
valore (*m.*) value 15
vantaggio advantage 18
vario/a various, several

vecchio/a old 5
vedere* (*p.p.* **visto, veduto**) to see 4; **ci vediamo domani** see you tomorrow LP; **vedersi** to see each other 11
vedova widow
vela sailing 12
velluto velvet; **velluto a coste** corduroy 10
velocemente fast 6
velocità (*f.*) speed 15
vendere to sell 4
vendita sale; **in ve ndita** on sale
venerdì (*m.*) Friday 4
venire* (a) (*p.p.* **venuto**) to come (to) 5
venti twenty LP
vento: tira vento it's windy 9
veramente really 5
verbo verb 1
verde green 10
verdura green vegetables 7
verità (*f.*) truth
vero/a true 5; real; **non è vero?** isn't it true? 4; **sarà vero?** could it be true? 15
verso toward; **verso le sei** around six o'clock 3
vestire to dress 5; **vestirsi** to get dressed 7
vestito dress 5; suit 10; **vestiti** (*m. pl.*) clothing 10
vetrina store window 5
vetta peak
via street 5; **andare* via** to go away
viaggiare to travel 1
viaggio trip 8
viceversa vice-versa
vicino/a (a) near 3; **qui vicino** near here
videocassetta videocassette
videogioco video game 6
videoregistratore (*m.*) video recorder 1
villa country house 2

villeggiatura vacation; summer vacation
vincere* (*p.p.* **vinto**) to win 6
vincitore/vincitrice winner
vino wine 6
viola (*invariable*) purple 10
violino violin 16
violoncello cello 16
virgola comma
visita visit 13
visitare to visit 3
viso face 11
vista view 14
vita life 10
vitello veal 7
vittoria victory
vivace vivacious
vivere* (*p.p.* **vissuto**) to live 8
vivo/a alive; **dal vivo** live (*broadcast*) 16
vocabolario vocabulary LP
vocale (*f.*) vowel
voce (*f.*) voice 5
volentieri gladly 11
volere* to want (to), wish 8
volgere (*p.p.* **volto**) to pursue
volo flight 8; **volo diretto** direct flight
volpe (*f.*) fox
volta time; **a volte** at times, sometimes 9; **due volte** twice 9; **qualche volta** sometimes 9; **questa volta** this time; **una volta** once, one time 9; **una volta (al giorno)** once (a day) 9
vongole (*f. pl.*) clams 7

zaino backpack 1
zero zero LP
zia aunt 8
zio uncle 8
zona area 11
zu cchero sugar 7
zucchini zucchini squash 7

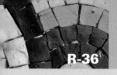

English—Italian Vocabulary

The following vocabulary list contains some basic words and expressions that you may wish to use in preparing guided oral and written compositions. The definitions are limited to those used in the book. Word sets such as numbers, sports terms, adjectives of nationality, etc., can be located by referring to the index.

Abbreviations:
adj. = adjective   *inv.* = invariable
f. = feminine   *pl.* = plural
m. = masculine

abroad l'estero
accessory l'accessorio
accident l'incidente (*m.*)
acquainted: be acquainted with conoscere
action l'azione (*f.*)
activity l'attività
actor l'attore (*m.*)
actress l'attrice (*f.*)
address l'indirizzo
adequate adeguato/a
administration il governo
admittance l'adesione (*f.*)
advancement lo sviluppo
advertise fare la pubblicità
ad(vertisement) la pubblicità, l'annuncio
advertising la propaganda, la pubblicità; pubblicitario/a
advise consigliare (di); **advise against** sconsigliare
affectionately affettuosamente
afraid: be afraid of avere paura di
after, afterward dopo; **after that** poi
afternoon il pomeriggio; **in the afternoon** il pomeriggio
against contro
age l'età
agent l'agente (*m. or f.*)
ago: a little while ago poco tempo fa; **not long ago** poco tempo fa; **some time ago** qualche tempo fa; **two days ago** due giorni fa

agreed d'accordo
aid l'aiuto
air l'aria
all tutto/a
almost quasi
alone da solo/a
already già
also anche
although benché, nonostante che
always sempre
among fra, tra; **among themselves** fra (tra) di loro
amuse oneself divertirsi
amusing divertente
ancient antico/a
and e (*frequently* ed *before a vowel*)
animal l'animale (*m.*)
ankle la caviglia
announce annunciare
announcer l'annunciatore (*m.*), l'annunciatrice (*f.*)
another altro/a
answer rispondere
anthropology l'antropologia
anxiously con ansia
anyway tanto
apartment l'appartamento; **small apartment** l'appartamentino; **studio apartment** il miniappartamento; monolocale
appear sembrare
apple la mela
appliances: household appliances gli elettrodomestici
application: job application la domanda d'impiego
appointment l'impegno

appreciate apprezzare
approve approvare
apricot l'albicocca
architect l'architetto
architecture l'architettura
arm il braccio (le braccia, *f. pl.*)
armchair la poltrona
armoire l'armadio
around (*time*) verso
arrival l'arrivo
arrive arrivare
art l'arte (*f.*)
artichoke il carciofo
as come; **as . . . as** tanto... quanto; **as soon as** appena; **as usual** come al solito
ask domandare; **ask (for)** chiedere (di); **ask a question** fare una domanda
asparagus gli asparagi
at a (*frequently* ad *before a vowel*), presso
atmosphere l'atmosfera
attempt il tentativo
attend frequentare
attention l'attenzione
attractive simpatico/a
audience il pubblico
aunt la zia
authority l'autorità
automobile l'auto(mobile) (*f.*), la macchina
automotive automobilistico/a
autumn l'autunno; (*adj.*) autunnale; **in the middle of autumn** in pieno autunno
awarded assegnato/a

baby il bambino/la bambina
backpack lo zaino
bad cattivo/a, male; **not too bad** non c'è male; **from bad to worse** di male in peggio
baker il panettiere/la panettiera
bakery la panetteria
ball: masked ball il ballo in maschera
banana la banana
band il complesso
bank la banca
bar il bar
basketball la pallacanestro
bath: take a bath farsi il bagno
bathroom il bagno, la stanza da bagno
be essere, stare; **be . . . years old** avere... anni; **be able** potere
beach la spiaggia
beautiful bello/a
because perché; **because of** a causa di
become diventare
bed il letto
bedroom la camera da letto
beer la birra
before prima di, prima che
beg pregare (di)
begin mettersi a, cominciare (a)
being essendo
believe credere (di)
believable credibile
better meglio; migliore
between fra, tra; **between themselves** fra (tra) di loro
bicycle la bicicletta; **bicycle racing** il ciclismo
big grande
biking andare in bicicletta
biology la biologia
birthday il compleanno; **happy birthday** buon compleanno
black nero/a
blackboard la lavagna
blouse la camicetta
blue blu (*inv.*); **sky-blue** azzurro/a
boat la barca
boating andare in barca
bold audace
book il libro
bookstore la libreria

boots gli stivali
boring noioso/a
born nato/a (*past participle*); **be born** nascere
both . . . and sia... che
boy il ragazzo
boyfriend: my boyfriend il mio ragazzo
bread il pane
breakfast la prima colazione
breathe respirare
bride and groom gli sposi
brief breve
bring portare
broadcast andare in onda
broccoli i broccoli
broth il brodo
brother il fratello; **brother-in-law** il cognato; **little brother** il fratellino
brown marrone (*inv.*), castano/a (*eyes, hair*)
brush one's teeth lavarsi i denti
bus l'autobus (*m.*)
business activity l'impresa
businessman l'uomo d'affari
businesswoman la donna d'affari
busy impegnato/a, occupato/a; **be busy** avere da fare
but ma
butcher il macellaio/la macellaia
butter il burro
buy comprare, acquistare
by: by chance per caso; **by the way** a proposito
bye (*informal*) ciao

café il bar, il caffè
cake la torta
calculator la calcolatrice
calendar il calendario
call chiamare; **phone call** la telefonata
called: be called chiamarsi
calm calmo/a
can potere
can opener l'apriscatole (*m.*)
candidate il candidato
capable bravo/a
capital la capitale; **capital of a region** il capoluogo

car la macchina
card: birthday card la cartolina di buon compleanno; **telephone card** la carta telefonica
career la carriera
carefree disinvolto/a
careful prudente
cartoon il cartone animato
carrot la carota
case il caso; **in case (that)** in caso che
cassette la cassetta
cathedral il duomo, la cattedrale
cause causare; la causa
cautious prudente
ceiling il soffitto
celebrate festeggiare
celebrity il personaggio
cellar la cantina
cell phone il cellulare, il telefonino
cent il centesimo
central centrale
certain certo/a
certainly certo
chair la sedia
chance: by chance per caso
change cambiare; il cambiamento; **change one's mind** cambiare idea
chant il canto
character (*in a play, opera, etc.*) il personaggio
cheap a buon mercato
check the oil (tires) controllare l'olio (le gomme)
checkered a quadri
cheer up! coraggio!
cheese il formaggio
chemistry la chimica
cherry la ciliegia
chest of drawers il comò
child il bambino/la bambina; **children** i figli
choice la scelta
choose scegliere
church la chiesa
cinema il cinema
citizen il cittadino/la cittadina
city la città; (*adj.*) cittadino/a; **city hall** il municipio, il comune
civil civile
clandestine clandestino/a
classic classico/a

classical classico/a
classmate il compagno/la compagna di classe
classroom l'aula
clean pulire; pulito/a
clear chiaro/a, lampante; **clear** (*weather*) sereno/a; **clear the table** sparecchiare la tavola
clearly chiaramente
clerk l'impiegato/l'impiegata
climate il clima
close chiudere
closet il guardaroba, l'armadio
cloth il tessuto
clothes il vestiario; **clothes dryer** l'asciugatrice (*f.*)
clothing gli articoli di abbigliamento
cloudy nuvoloso/a
coat il cappotto
coffee il caffè
cold: be cold (*person*) avere freddo; **be (quite) cold** (*weather*) fare (abbastanza) freddo
color il colore; **solid color** a tinta unita
comb il pettine; **comb one's hair** pettinarsi i capelli
come venire
comedy la commedia
comfortable comodo/a
commercial la pubblicità
company la compagnia
compete fare le gare
competition la gara
complete compiere
computer il computer; **computer science** l'informatica
concert il concerto
conclude concludere
conclusion la conclusione
confectioner il pasticciere/la pasticciera; **confectioner's shop** la pasticceria
confused confuso/a
confusion la confusione
congratulations! complimenti!
constitution la costituzione
content: be content accontentarsi
contest il concorso
continue continuare (a), proseguire
continuously in continuazione
contrast il contrasto, il paragone
control il controllo

convince convincere
cook cucinare; il cuoco/la cuoca
cool fresco; **be cool** (*weather*) fare fresco
cost costare; **how much does it cost?** quanto costa?
costume il costume
cotton il cotone
country il paese; la campagna
couple la coppia
course il corso
courteous gentile
cousin il cugino/la cugina
crisis la crisi
cup la tazza
curious curioso/a
curtain la tenda
customer il/la cliente
cut one's hair (nails) tagliarsi i capelli (le unghie)
cute carino/a

dairy la latteria
dance ballare; la danza; **to dance** (*a little*) fare quattro salti
daring audace
daughter la figlia; **daughter-in-law** la nuora
dawn l'alba
day la giornata; **day after tomorrow** dopodomani; **day before yesterday** l'altro ieri
deal: deal with trattare di
dear caro/a
decade il decennio
decide decidere (di)
decision la decisione; **make a decision** prendere una decisione
degree candidate il laureando/la laureanda
delicatessen la salumeria; **delicatessen owner** il salumiere/la salumiera
den lo studio
dentist il/la dentista
depart partire
departure la partenza
depends: that depends dipende
descend scendere
desk la scrivania
dessert il dolce
development lo sviluppo

dictator il dittatore
dictionary il dizionario
die morire
difficult difficile
diminish diminuire
dinner il pranzo
director: movie director il/la regista
dirty sporco/a
discotheque la discoteca
discuss discutere
discussion la discussione
dish il piatto; **main dish** il primo piatto
dishonest disonesto/a
dishwasher la lavastoviglie
dislocate slogarsi
displeasure il dispiacere
distinct netto/a
divorce divorziare
divorced divorziato/a
do fare; **do without** fare a meno di
doctor il medico, il dottore/la dottoressa
documentary il documentario
door la porta
doorman il portiere
down there laggiù
downtown il centro; il centro commerciale
drama il dramma
dress il vestito; l'abito; vestire; vestirsi
dressed: get dressed vestirsi
drink bere; la bevanda
drinking glass il bicchiere
drive guidare
dry one's face (hands) asciugarsi la faccia (le mani)
dryer: hair dryer l'asciugacapelli (*m.*); **clothes dryer** l'asciugatrice (*f.*)
dubbed doppiato/a
due to dovuto a
dynamic dinamico/a

each ogni
ear l'orecchio
early presto; **be early** essere in anticipo
earn guadagnare; **earn one's living** guadagnarsi la vita

easy facile
eat mangiare
ecology l'ecologia
economic economico/a
economics l'economia
efficacious efficace
egg l'uovo (le uova, *f. pl.*)
elbow il gomito
election l'elezione (*f.*)
electrician l'elettricista (*m. or f.*)
elegant elegante
e-mail la posta elettronica; **e-mail
 address** l'indirizzo elettronico
employed occupato/a
employment l'impiego,
 l'occupazione (*f.*)
energetic dinamico/a
engaged impegnato/a; **become
 engaged** fidanzarsi
engineering l'ingegneria
enjoy oneself divertirsi (a)
enough: it's enough basta; **that's
 enough** basta così
enter entrare
environment l'ambiente (*m.*)
euro (*European currency*) l'euro
European europeo/a
even: even though benché,
 nonostante che, sebbene
evening la sera, la serata; **good
 evening** buona sera; **in the
 evening** la sera; **this evening**
 stasera
event l'avvenimento
ever mai
every (single) ogni; **every day
 (month)** tutti i giorni (mesi)
everybody tutti
everyone tutti
everything tutto
everywhere dappertutto;
 everywhere else altrove
exaggerate esagerare
exam l'esame (*m.*)
example l'esempio
exceptional eccezionale
excessive eccessivo/a
exchange lo scambio
excited emozionato/a
excuse la scusa; **excuse me** scusa,
 (*formal*) scusi
executive il/la dirigente
exhibit la mostra
expensive caro/a

experience provare; l'esperienza
expert l'esperto; **be an expert in**
 intendersi di
explain spiegare
express esprimere
exquisite squisito/a
eye l'occhio

 F

fabric il tessuto
face il viso; la faccia
fact: in fact, as a matter of fact
 infatti
factory la fabbrica
fall: fall asleep addormentarsi; **fall
 in love** innamorarsi
family la famiglia
famous famoso/a
far from lontano/a da
fashion la moda
fashionable alla moda
fast velocemente
fat grasso/a
father il padre; **father-in-law** il
 suocero
favorite preferito/a
fear temere (di)
feel provare, sentire, sentirsi; **feel
 like (doing something)** avere
 voglia di (+ *infinitive*)
festival il festival
fever la febbre
few pochi/e
fill it up fare il pieno
film festival la mostra
 cinematografica
final finale
finally finalmente
financial finanziario/a
find trovare
fine bene
finger il dito (le dita, *f. pl.*)
 della mano
finish finire (di)
fire (*from a job*) licenziare
fireplace il camino
firm (business) la ditta
first primo/a; **first of all**
 innanzi tutto
fish il pesce; **fish market** la
 pescheria; **fish vendor** il
 pescivendolo/la pescivendola
fit (*shoes, gloves*) calzare

fix aggiustare
floor il pavimento, il piano
foggy: it's foggy c'è la nebbia
follow seguire
food il cibo
foolish sciocco/a
foot il piede
for per
foreign straniero/a
forget dimenticare, dimenticarsi (di)
fork la forchetta
fortunate fortunato/a
fortunately per fortuna
forward avanti
free libero/a
freely liberamente
fresh fresco/a
friend l'amico/l'amica
from da, da parte di, di (*frequently*
 d' *before a vowel*); **from time to
 time** di quando in quando
front: in front of davanti a
fruit la frutta; **fruit vendor** il
 fruttivendolo/la fruttivendola
full pieno/a
furniture i mobili
future il futuro

 G

game la partita
garage il garage
garlic l'aglio
gasoline la benzina
gather riunirsi
gaudy sgargiante
general generale
generally generalmente
geology la geologia
get: get off / down scendere; **get
 ready** prepararsi (per); **get up**
 alzarsi, prendere
girl la ragazza
girlfriend: my girlfriend la mia
 ragazza
give dare; **give back** restituire
given dato/a
glad contento/a
gladly volentieri
glass: drinking glass il bicchiere
gloves i guanti
go andare, recarsi; **go around**
 girare; **go away** andare via; **go
 by bicycle** andare in bicicletta;

go by boat andare in barca;
go by bus andare in autobus;
go by car andare in macchina;
go by motorcycle andare in moto(cicletta); **go by plane** andare in aereo; **go by ship** andare con la nave; **go by taxi** andare in tassì; **go by train** andare in treno; **go by tram** andare in tram; **go horseback riding** andare a cavallo; **go on an excursion** fare una gita; **go on foot** andare a piedi; **go on vacation** andare in vacanza; **go skating** andare a pattinare; **go skiing** andare a sciare; **go to the country** andare in campagna; **go to the mountains** andare in montagna; **go to the seashore** andare al mare; **go out** uscire
good bene, bravo/a, buono/a
good-bye arrivederci; (*formal*) arrivederla
government il governo
graduate laurearsi
granddaughter la nipote
grandfather il nonno
grandmother la nonna
grandson il nipote
grainy ice cream la granita
grapefruit il pompelmo
grapes l'uva
gray grigio/a
great grande; ottimo!; **just great!** benissimo!
green verde
greet salutare; **greet each other** salutarsi
group il gruppo; **musical group** il complesso
guest l'invitato/a
guitar la chitarra
guitarist il/la chitarrista
gymnasium la palestra

 H

hair i capelli; **hair dryer** l'asciugacapelli (*m.*)
hairbrush la spazzola per capelli
hall la sala
ham: cured ham il prosciutto
hand la mano (le mani, *f. pl.*)
handbag la borsa

handsome bello/a
happen succedere, capitare; **what happened?** che cosa è successo?
happy allegro/a, contento/a, felice
hat il cappello
hate each other odiarsi
have avere; **have** (*to eat, to drink*) prendere; **have a good time** divertirsi (a); **have a job interview** sostenere un colloquio; **have breakfast or lunch** fare colazione; **have the time to** avere il tempo di; **have to** dovere
head la testa
hear sentire
heating il riscaldamento
hello buon giorno; (*response on the phone*) pronto?
help aiutare; l'aiuto; **help each other** aiutarsi
hi ciao
high alto/a
hire assumere
history la storia
hold tenere
homemaker la casalinga
hope sperare (di), augurarsi; **let's hope so** speriamo di sì
horror l'orrore (*m.*)
hors d'oeuvre l'antipasto
horseback riding l'equitazione (*f.*)
hospital il policlinico, l'ospedale (*m.*)
hot: be hot (*weather*) fare caldo
hotel l'albergo
hour l'ora; **one hour ago** un'ora fa
house la casa; **country house** la villa
household appliances gli elettrodomestici
how come; **how are you?** come stai?, (*formal*) come sta?; **how many?** quanti/e?; **how many times?** quante volte?; **how much?** quanto/a?; **how much is it?** quanto costa?
however comunque, però
hug abbracciare
human body il corpo umano
hungry: be hungry avere fame
hurry affrettarsi; **be in a hurry** avere fretta
hurt fare male
husband il marito

 I

ice cream il gelato; **ice cream parlor** la gelateria
idea l'idea
if se
image l'immagine (*f.*)
immediate immediato/a
immediately subito
important importante, notevole
impossible impossibile
improbable improbabile
in in
inexpensive a buon mercato
information l'informazione (*f.*)
insincere falso/a
instead (of) invece di
institution l'istituzione (*f.*)
intelligent intelligente
intend to avere intenzione di
interested: be interested (in) interessarsi
international internazionale
interpreter l'interprete (*m. or f.*)
interview intervistare; il colloquio
introduce fare conoscere, presentare
invite invitare (a)
invited invitato/a
iron (*appliance*) il ferro da stiro; stirare
itself stesso/a

J

jacket la giacca
jeans i jeans
job il posto (di lavoro), l'impiego; **job application** la domanda d'impiego; **job interview** il colloquio
joke scherzare
journalist il/la giornalista
joy l'allegria
just proprio

K

keep tenere
kind gentile
king il re
kitchen la cucina
knee il ginocchio (le ginocchia, *f. pl.*)

knife il coltello
know conoscere; **know (how)** sapere; **know by heart** sapere a memoria
known conosciuto/a, noto/a

lake il lago
lamb l'agnello
lamp la lampada
language: foreign languages le lingue straniere
large grande
last scorso/a; (*in a series*) ultimo/a; **at last** finalmente
late: I'm late sono in ritardo
later: until later a più tardi
latest ultimo/a
law la legge
lawyer l'avvocato
lazy pigro/a
leaflet il volantino
learn apprendere; imparare (a)
least: at least almeno
leather il cuoio, la pelle; **made of leather** di cuoio
leave partire, andare via; **leave** (*behind*) lasciare
left sinistro/a
leg la gamba
lemon il limone; **lemon soda** la limonata
lemonade la limonata
lend prestare
letter la lettera
lettuce la lattuga
library la biblioteca
license: driver's license la patente di guida
life la vita
light la luce; leggero/a
like come; piacere
listen sentire; **listen (to)** ascoltare; (*command*) senti
listening l'ascolto
literary letterario/a
literature la letteratura
little piccolo/a; **very little** ben poco, pochissimo/a
live abitare; vivere; **live together** convivere
live (*TV, radio*) in diretta

living il vivere; **living room** il salotto
loan prestare
lobster l'aragosta
local locale
long lungo/a
look (at) guardare; **look (for)** cercare; **look at oneself in the mirror** guardarsi allo specchio
lose perdere
lottery la lotteria
love l'amore (*m.*); **fall in love** innamorarsi; **love each other** amarsi
lower (*verb*) abbassare
luck la fortuna; **bad luck** la sfortuna
lucky: be lucky avere fortuna
lunch (*main meal at noon*) il pranzo

ma'am signora
magazine la rivista
magnificent magnifico/a
mail spedire; la posta
majority la maggior parte
make fare; rendere; **make a date** fissare un appuntamento; **make plans** fare programmi; **make purchases** fare acquisti; **make reservations** prenotare; **make sure** fare in modo
man l'uomo (gli uomini, *pl.*)
manage gestire
management la gestione
manager il funzionario, il direttore/la direttrice
managerial gestionale
many molti/e
market il mercato; **open-air market** il mercato all'aperto
married sposato/a
marry (get married) sposarsi
marvelous meraviglioso/a
mask la maschera
masquerade party la festa mascherata
match l'incontro; la gara
mathematics la matematica
maybe forse
meal il pasto
meaning il significato

means of transportation i mezzi di trasporto
meantime: in the meantime intanto, nel frattempo
meanwhile intanto
meat la carne (*f.*)
mechanic il meccanico
medicine la medicina
meet incontrare, riunirsi; **meet (each other)** incontrarsi
message il messaggio
midnight mezzanotte
military il militare
milk il latte
milkman il lattaio/la lattaia
million il milione
mind dispiacere; **do you mind if . . . ?** ti dispiace se . . . ?; **have in mind** avere in mente; **if you don't mind** se non ti dispiace
minister il ministro; **Prime Minister** Presidente del Consiglio
mirror lo specchio
misfortune il dispiacere, la sfortuna
Miss signorina
mix-up: a little mix-up un po' di confusione
modern moderno/a
moment il momento
monarchy la monarchia
money i soldi, il denaro
month il mese
monument il monumento
more più; **more . . . than** più... di
morning la mattina, il mattino; **good morning** buon giorno; **in the morning** la mattina; **this morning** stamattina
most: for the most part per lo più
mother la madre; **mother-in-law** la suocera
motorcycle la moto(cicletta)
mountain: in (to) the mountains in montagna; **mountain climbing** l'alpinismo
mouth la bocca
move trasferirsi
movie il cinema; **movie director** il/la regista
Mr. signor + *last name*
Mrs. signora + *last name*

much molto; **too much** troppo
muggy afoso/a
museum il museo
mushrooms i funghi
music la musica
musical (*adj.*) musicale; **musical group** il complesso
musician il/la musicista
must dovere
my mio/a

name (*first*) il nome; (*last*) il cognome; **brand name** la marca; **what's your name?** come ti chiami?; (*formal*) come si chiama?
named: be named chiamarsi
napkin il tovagliolo
nation la nazione
national nazionale
nature la natura
near vicino a
necessary necessario/a
neck il collo
need avere bisogno di; il bisogno
neighborhood le vicinanze, il vicinato; **neighborhood market** il mercato rionale
neither . . . nor non... né... né
nephew il nipote
nervous nervoso/a
never non... mai
nevertheless nonostante ciò
new nuovo/a
news le notizie; **news** (*one item*) la notizia; **newscaster** (*TV and radio*) l'annunciatore (*m.*); l'annunciatrice (*f.*)
newspaper il giornale
next prossimo/a
nice bello/a, carino/a, simpatico/a; **be nice** (*weather*) fare bel tempo
niece la nipote
night la notte; **at night** la notte, di notte; **good night** buona notte
no no; **no longer** non... più; **no more** non... più; **no one** nessuno, non... nessuno
noise il rumore
none niente
noon mezzogiorno
nose il naso

not non; **not any** non... nessuno; **not at all** non... affatto; **not even** non... neanche, non... nemmeno, non... neppure; **not ever** non... mai; **not too bad** non c'è male; **not yet** non... ancora
notebook il quaderno
nothing niente; non... niente, non... nulla; **nothing special** niente di speciale
novel il romanzo
now adesso, ora; **by now** ormai

obey ubbidire
obtain ottenere
occasion l'occasione (*f.*)
occupation l'occupazione (*f.*)
occupied occupato/a
of di (*frequently d' before a vowel*); **of course** certo
offer offrire
office l'ufficio; **post office** l'ufficio postale
often spesso
OK d'accordo, va bene
old antico/a, anziano/a, vecchio/a
older maggiore
olive oil l'olio d'oliva
on su
once: every once in a while ogni tanto; **just once** una volta tanto; **once a day** una volta al giorno; **once again** ancora una volta; **once in a while** ogni tanto
oneself se stesso/a
onion la cipolla
only solo
open aprire
opera l'opera
opinion l'opinione (*f.*)
opposite opposto/a
optimistic ottimista (*inv. in the singular*)
or o
orange (*color*) arancione (*inv.*); (*fruit*) l'arancia; **orange juice** (*freshly squeezed*) la spremuta d'arancia; **orange soda** l'aranciata
orchestra l'orchestra

order (*food*) ordinare; **in order that** affinché, di modo che, perché
orders: to give orders dare ordini
organize organizzare
organized organizzato/a
original originale
other altro/a
outdoors all'aperto
outside fuori
overcoat il cappotto

painting il quadro; la pittura
pair il paio (le paia, *f. pl.*)
panorama il panorama
pants i pantaloni
paper: piece of paper il foglio di carta
parents i genitori
park parcheggiare; il parco, il giardino pubblico
parking: pay parking il parcheggio a pagamento
parliament il parlamento
parlor: ice cream parlor la gelateria
part: on the part of da parte di
particularly particolarmente
party la festa
pass the butter (salt, pepper) passare il burro (sale, pepe)
passion la passione
pasta la pasta
patience: a little patience un po' di pazienza
patient: be patient avere pazienza
pay il salario; **pay (for)** pagare; **pay back** ripagare
peace la pace
peach la pesca
pear la pera
pen la penna
pencil la matita
people la gente, il popolo
pepper il pepe, il peperone
per kilo (*metric weight*) al chilo
perfect perfetto/a
performer l'interprete (*m. or f.*)
perhaps forse
period il periodo
permit permettere (di)
person la persona

personnel il personale
pessimistic pessimista (*inv. in the singular*)
pharmacist il/la farmacista
pharmacy la farmacia
philosophy la filosofia
phone call la telefonata
photograph la foto(grafia)
photographer il fotografo
photography la fotografia
physics la fisica
pianist il/la pianista
piano il pianoforte
pick up: I'll pick you up (*informal*) passo a prenderti
pineapple l'ananas (*m.*)
pink rosa (*inv.*)
pizza la pizza; **pizza parlor** la pizzeria
place mettere; il luogo, il posto
plan programmare
plane l'aereo
play (*a game*) giocare; **play** (*music*) suonare; **play basketball** giocare a pallacanestro; **play soccer** giocare a pallone; **play tennis** giocare a tennis; **play volleyball** giocare a pallavolo
playing field il campo da gioco
pleasant simpatico/a
please piacere; per favore, per piacere, prego
pleased: I'm very pleased to meet you (*informal*) mi fa molto piacere (di) conoscerti
pleasing: be pleasing piacere
pleasure il piacere
pocket la tasca; **in his/her pocket** in tasca
poem il poema
political politico/a; **political science** le scienze politiche
pollute inquinare
pollution l'inquinamento
polyester il poliestere
pool la piscina
poor povero/a; **poor thing** poverino/a
pork il maiale
position il posto
possess (*something*) avere
possibility la possibilità
possible possibile
potato la patata

practical pratico/a
precise preciso/a
prefer preferire
preferable preferibile
prepare preparare
present presentare
president il/la presidente
pretty carino/a
price il prezzo; **what prices!** che prezzi!
probable probabile
probably probabilmente
problem il problema
profession il mestiere, la professione
professor il professore/la professoressa
program il programma
promise promettere
proper opportuno/a, dovuto/a
provided that purché
psychology la psicologia
purchase acquistare; l'acquisto
purple viola (*inv.*)
put mettere; **put on** (*clothing*) mettersi, indossare

qualification la qualifica
quarrel (*verb*) litigare
queen la regina
quit (*a job*) licenziarsi

radio la radio; (*adj.*) radiofonico/a
rain piovere
raincoat l'impermeabile (*m.*)
raise alzare
rarely raramente
rather piuttosto
razor (*electric*) il rasoio (elettrico)
read leggere; **read again** rileggere
real vero/a
reality la realtà
really davvero; proprio; veramente
receive ricevere
recently recentemente
record registrare; il disco
recorder: video recorder il videoregistratore
red rosso/a
refrigerator il frigo(rifero)

relatives i parenti (*pl.*)
remain restare, rimanere
remainder il resto
remember ricordare, ricordarsi (di)
remind ricordare
rent affittare; **rent a car** noleggiare un'automobile
representative il deputato, il rappresentante
republic la repubblica
require richiedere
reservation la prenotazione
reserve prenotare
reserved riservato/a
respond rispondere
rest riposarsi
restaurant il ristorante
retailer il rivenditore
return restituire; tornare; **many happy returns!** cento di questi giorni!
revival: to have a revival essere in ripresa
rice il riso
rich ricco/a
right giusto/a; destro/a; **be right** avere ragione; **right away** subito
romantic romantico/a
room la camera, la stanza; **dining room** la sala da pranzo; **living room** il salotto
rude sgarbato/a

sad triste
sailing la vela
salami il salame
salary lo stipendio
sale la vendita; **on sale** in vendita
salt il sale
same stesso/a; **just the same** lo stesso; **same old** solito/a
sandwich: ham sandwich il panino al prosciutto; **tuna sandwich** il tramezzino al tonno
Sardinian sardo/a
save risparmiare; salvare
say dire (di)
scarf la sciarpa
scene la scena
scenery lo scenario
schedule l'orario

school: (Italian high school)
il liceo
science: natural science le
scienze naturali; **science fiction**
la fantascienza
scientific scientifico/a
scissors le forbici
sea il mare; **at the seashore**
al mare
season la stagione
seat il posto
second secondo/a
see vedere; **see each other**
vedersi; **see you tomorrow** ci
vediamo domani
seek cercare
seem sembrare; **it seems to me**
mi sembra
see-saw l'altalena
seldom di rado
selfish egoista (*inv. in the singular*)
self-possessed disinvolto/a
sell vendere
senate il senato
senator il senatore
send mandare, spedire; **send back**
rimandare
serious serio/a
seriousness la gravità
serve servire
set (*time*) stabilire; **set the table**
apparecchiare la tavola
sew cucire
shame: what a shame che peccato!
sharp netto/a
ship la nave
shirt: man's shirt la camicia
shoes le scarpe
shop (*for food*) fare la spesa
short basso/a
shortly fra poco
shoulder la spalla
show mostrare; lo spettacolo
shower la doccia; **take a shower**
farsi la doccia
shrimp gli scampi
shy timido/a
silk la seta
simple semplice
since siccome
sincere sincero/a
sing cantare
singer il/la cantante
sir signore

sister la sorella; **little sister** la
sorellina; **sister-in-law** la cognata
situation la situazione
size (*clothing*) la taglia; (*clothing,
shoes*) la misura
skate pattinare
skating il pattinaggio; **go skating**
andare a pattinare
ski sciare; lo sci; **go skiing** andare
a sciare
skirt la gonna
sleep dormire
sleepy: be sleepy avere sonno; **be
very sleepy** morire di sonno
sleeve: with long (short) sleeves
con le maniche lunghe (corte)
slowly lentamente
small piccolo/a
snow nevicare; la neve
so dunque; **so that** affinché, di
modo che, perché
soap il sapone
soccer il calcio, il pallone
sociology la sociologia
socks i calzini (*pl.*)
sofa il divano
softly piano
sole (*fish*) la sogliola
some alcuni/e
something qualcosa
sometimes qualche volta
son il figlio; **son-in-law** il genero
song la canzone, il canto
soon: as soon as appena; **as soon
as possible** al più presto, quanto
prima; **quite soon** ben presto;
see you soon a presto
sorry: be sorry dispiacere; **I'm
sorry** mi dispiace
so-so così così
soup la minestra; **vegetable soup**
il minestrone
spaghetti gli spaghetti; **carbonara
style** gli spaghetti alla carbonara
speak parlare; **speak to each
other** parlarsi
spectacular spettacolare
spend (*time*) passare; **spend**
(*time/money*) spendere
spinach gli spinaci
spoon il cucchiaio
sport lo sport
sporting sportivo/a
sporty sportivo/a

spring la primavera; (*adj.*)
primaverile
stadium lo stadio
stairs le scale
star la stella
start mettersi (a), cominciare (a);
start an argument fare polemica
state lo stato; (*adj.*) statale
station la stazione; **gas station** la
stazione di servizio
statue la statua
stay alloggiare, restare, rimanere;
il soggiorno
steak la bistecca
stereo lo stereo
still ancora, pure
stomach lo stomaco
stop fermare, fermarsi
store il negozio
story la storia; **short story** il
racconto
strawberry la fragola
street la via, la strada; **on the
street** per strada
streetcar il tram
string beans i fagiolini
striped a righe
strive cercare (di)
student lo studente/la studentessa
study studiare; lo studio
stupid stupido/a
subtitle il sottotitolo
subway la metropolitana
succeed riuscire (a)
successfully con successo
suffer soffrire
suggest suggerire
suggestion il suggerimento
suit il vestito
suitcase la valigia (le valige, *pl.*)
sultry (*weather*) afoso/a
summer l'estate (*f.*); (*adj.*) estivo/a
sunny: it's sunny c'è il sole
supermarket il supermercato
supper la cena
support aderire, sostenere
surprised sorpreso/a
sweater la maglia, il maglione
sweet il dolce
swift veloce
swim nuotare
swimming il nuoto; **swimming
pool** la piscina
system il sistema

table il tavolo; **at the (dinner) table** a tavola
take prendere; **take** (*courses*) seguire; **take off** (*clothing*) levarsi; **take part in** aderire (a); **take pictures** fare fotografie; **take place** avere luogo; **take the subway** prendere la metropolitana
tall alto/a
taxi il tassì
tea il tè; **iced tea** il tè freddo
teach insegnare (a)
team la squadra
teaspoon il cucchiaino
telegram il telegramma
telephone telefonare; il telefono; (*adj.*) telefonico/a; **cellular telephone** il cellulare, il telefonino
televised televisivo/a
television la televisione; (*adj.*) televisivo/a; **television set** il televisore; **television viewer** il telespettatore/la telespettatrice
tell dire, raccontare
tennis court il campo da tennis
tenor il tenore
terrible pessimo/a
thank ringraziare; **thank you** grazie
that che; quello; **that one** quello; **that which** quello che
theater il teatro
theme il tema
then allora, dunque, poi
there ci, là, lì; **there are** ecco, ci sono; **there is** c'è, ecco
therefore quindi, perciò
thin magro/a
thing la cosa
think credere (di); **think (of, about +** *verb***)** pensare (di); **think (of, about +** *noun***)** pensare (a); **I don't think so** credo di no; **I think so** credo di sì
thirsty: be thirsty avere sete
this ciò; questo/a; **this one** questo
thriller il film giallo
throat la gola
ticket il biglietto; **ticket office** la biglietteria

tie (*necktie*) la cravatta
time il tempo; la volta; **a long time ago** molto tempo fa; **at the same time** allo stesso tempo; **at times** a volte; **at what time?** a che ora?; **be on time** essere puntuale; **departure time** l'ora della partenza; **for the first time** per la prima volta; **for the time being** al momento; **full-time** a tempo pieno; **part-time** a tempo parziale; **what time is it?** che ore sono?
timid timido/a
tired stanco/a
title il titolo
to a (*frequently* ad *before a vowel*)
today oggi
toe il dito (le dita, *f. pl.*) del piede
together insieme; **all together** in tutto
tomato il pomodoro
tomorrow domani; **starting tomorrow** da domani; **until tomorrow** a domani
tonight stanotte
too anche; troppo
tooth il dente
toothbrush lo spazzolino da denti
toothpaste il dentifricio
topic il soggetto
total totale
tourism il turismo
toward verso
towel l'asciugamano
town: small town il paese, la cittadina
trade il mestiere; **what's your trade?** che mestiere fa (fai)?
traffic il traffico
trail la pista
train il treno
tranquil calmo/a, tranquillo/a
travel viaggiare; **travel agency** l'agenzia di viaggi
trip il viaggio
trolley il tram
trousers i pantaloni
truck il camion, l'autocarro
true vero/a
tuna il tonno
turn: turn off (*TV, radio*) spegnere; **turn on** accendere

TV la tivvù; **color TV** il televisore a colori; **TV channel** il canale televisivo; **TV network** la rete televisiva; **TV news** il telegiornale; **TV program** la trasmissione televisiva; **TV viewer** il telespettatore/la telespettatrice
type il tipo

ugly brutto/a
uncle lo zio
understand capire, comprendere
undertake intraprendere
undress spogliarsi
unemployed disoccupato/a
unforgettable indimenticabile
unfortunate sfortunato/a
unhappy infelice
united unito/a
university l'università; universitario/a; **university degree** la laurea
unknown sconosciuto/a
unless a meno che
unlucky sfortunato/a
unoccupied disoccupato/a
unpleasant antipatico/a
until fino a; **until now** finora
use usare
useful utile
useless inutile
usual: as usual come al solito
usually di solito
utensils le stoviglie (*f. pl.*)

vacation: on vacation in vacanza; **summer vacation** la villeggiatura; **vacation days** i giorni (*pl.*) di ferie
vacuum cleaner l'aspirapolvere (*m.*)
value il valore
various vario/a
veal il vitello
vegetables: green vegetables la verdura
velvet il velluto
vendor il rivenditore
video game il videogioco
video recorder il videoregistratore

videocassette la videocassetta
violin il violino
visit visitare; la visita
voice la voce
volleyball la pallavolo
voter l'elettore (*m. or f.*)
voyage il viaggio

wage il salario
wait (for) aspettare; **wait a minute** aspetta un minuto
waiter il cameriere
waiting l'attesa
wake up (*oneself*) svegliarsi
walk: take a walk fare una passeggiata
wall la parete
wallet il portafoglio
want desiderare; volere
wardrobe l'armadio
warm: be warm (*person*) avere caldo; **be warm** (*weather*) fare caldo
wash oneself lavarsi; **wash one's hands (face)** lavarsi le mani (la faccia)
washing machine la lavatrice
watch guardare; l'orologio
water (mineral) l'acqua (minerale)
way: that way così; **there's no way** non c'è modo
wear indossare
weather il tempo; **it's bad weather** fa cattivo tempo; **it's nice weather** fa bel tempo; **What's the weather forecast today?** Quali sono le previsioni del tempo di oggi?; **What's the weather like there?** Che tempo fa lì?
week la settimana
weekend il fine settimana
well allora; **(quite) well** (abbastanza) bene; **very well** molto bene
what ciò che; **what?** che cosa? (cosa?); **what are you up to today?** che cosa fai di bello oggi?; **what happened?** che cosa è successo?; **what is . . . like?** com'è... ?; **what is it?** che cos'è? **what's playing?** cosa è in programma?
when(ever) quando
when? quando?
where? dove?; **where are you** (*formal*) **from?** di dov'è?; **where is he/she from?** di dov'è?
which? qual/e?; **which one?** quale?
while mentre
who? chi?; **who else?** chi altro?
whom: to whom? a chi?; **with whom?** con chi?
why? perché?
wife la moglie
willingly volentieri
win vincere
window la finestra; **store window** la vetrina
windy: to be (very) windy tirare (molto) vento
wine il vino
winter l'inverno; (*adj.*) invernale
wish desiderare, volere; **wish** (*someone*) **well** fare gli auguri

wishes: best wishes! auguri! (*m. pl.*), tanti auguri!
with con
without senza che; **without a doubt** senza dubbio
woman la donna
wool la lana
work lavorare; **work** (*literary or artistic*) l'opera; **what work do you do?** che lavoro fa (fai)?
worker (*blue-collar*) l'operaio/l'operaia
world (*adj.*) mondiale; **working world** il mondo del lavoro
worry preoccuparsi (di); **don't worry** non ti preoccupare, non si preoccupi
worse peggio, peggiore; **from bad to worse** di male in peggio; **worse than ever** peggio che mai
write scrivere; **write to each other** scriversi
writer lo scrittore/la scrittrice
wrong: be wrong avere torto

year anno; **be . . . years old** avere... anni
yellow giallo/a
yes sì
yesterday ieri
young giovane, giovanile
younger minore

zone la zona

Index